W0348699

book2

Deutsch – Italienisch
für Anfänger

Ein Buch in 2 Sprachen

www.book2.de

GOETHE
VERLAG

IMPRESSUM

Johannes Schumann:
book2 Deutsch - Italienisch
ISBN 978-3-938141-21-2

Goethe-Verlag GmbH
Postfach 152008
80051 München
Germany

Fax +49-89-74790012
www.book2.de
www.goethe-verlag.com

Inhaltsverzeichnis

1 [eins]

Personen

1 [uno]

Persone

ich
ich und du
wir beide

io
io e te
noi due

er
er und sie
sie beide

lui
lui e lei
loro due

der Mann
die Frau
das Kind

l'uomo
la donna
il bambino

eine Familie
meine Familie
Meine Familie ist hier.

una famiglia
La mia famiglia.
La mia famiglia è qui.

Ich bin hier.
Du bist hier.
Er ist hier und sie ist hier.

Io sono qui.
Tu sei qui.
Lui è qui e lei è qui.

Wir sind hier.
Ihr seid hier.
Sie sind alle hier.

Noi siamo qui.
Voi siete qui.
Tutti loro sono qui.

2 [zwei]

Familie

2 [due]

La famiglia

der Großvater	il nonno
die Großmutter	la nonna
er und sie	lui e lei
der Vater	il padre
die Mutter	la madre
er und sie	lui e lei
der Sohn	il figlio
die Tochter	la figlia
er und sie	lui e lei
der Bruder	il fratello
die Schwester	la sorella
er und sie	lui e lei
der Onkel	lo zio
die Tante	la zia
er und sie	lui e lei
Wir sind eine Familie.	Noi siamo una famiglia.
Die Familie ist nicht klein.	La famiglia non è piccola.
Die Familie ist groß.	La famiglia è grande.

3 [drei]

Kennen lernen

3 [tre]

Fare la conoscenza

Hallo!	Ciao!
Guten Tag!	Buongiorno!
Wie geht's?	Come va?
Kommen Sie aus Europa?	Viene dall'Europa?
Kommen Sie aus Amerika?	Viene dall'America?
Kommen Sie aus Asien?	Viene dall'Asia?
In welchem Hotel wohnen Sie?	In quale hotel alloggia?
Wie lange sind Sie schon hier?	Da quanto tempo è qui?
Wie lange bleiben Sie?	Per quanto tempo rimane?
Gefällt es Ihnen hier?	Le piace qui?
Machen Sie hier Urlaub?	È in vacanza?
Besuchen Sie mich mal!	Mi venga a trovare!
Hier ist meine Adresse.	Ecco il mio indirizzo.
Sehen wir uns morgen?	Ci vediamo domani?
Tut mir Leid, ich habe schon etwas vor.	Mi dispiace,ho già un altro impegno.
Tschüs!	Ciao!
Auf Wiedersehen!	Arrivederci!
Bis bald!	A presto!

4 [vier]

In der Schule

4 [quattro]

A scuola

Wo sind wir?
Wir sind in der Schule.
Wir haben Unterricht.

Dove siamo?
Siamo a scuola.
Abbiamo lezione.

Das sind die Schüler.
Das ist die Lehrerin.
Das ist die Klasse.

Questi sono gli studenti.
Questa è l'insegnante.
Questa è la classe.

Was machen wir?
Wir lernen.
Wir lernen eine Sprache.

Che cosa facciamo?
Studiamo.
Impariamo una lingua.

Ich lerne Englisch.
Du lernst Spanisch.
Er lernt Deutsch.

Io studio l'inglese.
Tu studi lo spagnolo.
Lui studia il tedesco.

Wir lernen Französisch.
Ihr lernt Italienisch.
Sie lernen Russisch.

Noi studiamo il francese.
Voi studiate l'italiano.
Loro studiano il russo.

Sprachen lernen ist interessant.
Wir wollen Menschen verstehen.
Wir wollen mit Menschen sprechen.

Studiare una lingua è interessante.
Vogliamo capire la gente.
Vogliamo parlare con la gente.

5 [fünf]

Länder und Sprachen

5 [cinque]

Paesi e lingue

John ist aus London.
London liegt in Großbritannien.
Er spricht Englisch.

John è di Londra.
Londra si trova in Inghilterra.
Lui parla inglese.

Maria ist aus Madrid.
Madrid liegt in Spanien.
Sie spricht Spanisch.

Maria è di Madrid.
Madrid si trova in Spagna.
Lei parla spagnolo.

Peter und Martha sind aus Berlin.
Berlin liegt in Deutschland.
Sprecht ihr beide Deutsch?

Peter e Martha sono di Berlino.
Berlino si trova in Germania.
Parlate tedesco voi due?

London ist eine Hauptstadt.
Madrid und Berlin sind auch Hauptstädte.
Die Hauptstädte sind groß und laut.

Londra è una capitale.
Anche Madrid e Berlino sono capitali.
Le capitali sono grandi e rumorose.

Frankreich liegt in Europa.
Ägypten liegt in Afrika.
Japan liegt in Asien.

La Francia si trova in Europa.
L'Egitto si trova in Africa.
Il Giappone si trova in Asia.

Kanada liegt in Nordamerika.
Panama liegt in Mittelamerika.
Brasilien liegt in Südamerika.

Il Canada si trova nell'America del nord.
Il Panama si trova nell'America centrale.
Il Brasile si trova nell'America del sud.

6 [sechs]

Lesen und schreiben

6 [sei]

Leggere e scrivere

Ich lese.
Ich lese einen Buchstaben.
Ich lese ein Wort.

Io leggo.
Io leggo una lettera.
Io leggo una parola.

Ich lese einen Satz.
Ich lese einen Brief.
Ich lese ein Buch.

Io leggo una frase.
Io leggo una lettera.
Io leggo un libro.

Ich lese.
Du liest.
Er liest.

Io leggo.
Tu leggi.
Lui legge.

Ich schreibe.
Ich schreibe einen Buchstaben.
Ich schreibe ein Wort.

Io scrivo.
Io scrivo una lettera.
Io scrivo una parola.

Ich schreibe einen Satz.
Ich schreibe einen Brief.
Ich schreibe ein Buch.

Io scrivo una frase.
Io scrivo una lettera.
Io scrivo un libro.

Ich schreibe.
Du schreibst.
Er schreibt.

Io scrivo.
Tu scrivi.
Lui scrive.

7 [sieben]	7 [sette]
Zahlen	**Numeri**

Ich zähle: eins, zwei, drei Ich zähle bis drei.	Io conto: uno, due, tre Io conto fino a tre.
Ich zähle weiter: vier, fünf, sechs, sieben, acht, neun	Continuo a contare: quattro, cinque, sei, sette, otto, nove.
Ich zähle. Du zählst. Er zählt.	Io conto. Tu conti. Lui conta.
Eins. Der Erste. Zwei. Der Zweite. Drei. Der Dritte.	Uno. Il primo. Due. Il secondo. Tre. Il terzo.
Vier. Der Vierte. Fünf. Der Fünfte. Sechs. Der Sechste.	Quattro. Il quarto. Cinque. Il quinto. Sei. Il sesto.
Sieben. Der Siebte. Acht. Der Achte. Neun. Der Neunte.	Sette. Il settimo. Otto. L'ottavo. Nove. Il nono.

8 [acht]

Uhrzeiten

8 [otto]

Le ore

Entschuldigen Sie!
Wie viel Uhr ist es, bitte?
Danke vielmals.

Scusi!
Che ora è (Che ore sono), per favore?
Grazie mille.

Es ist ein Uhr.
Es ist zwei Uhr.
Es ist drei Uhr.

È l'una.
Sono le due.
Sono le tre.

Es ist vier Uhr.
Es ist fünf Uhr.
Es ist sechs Uhr.

Sono le quattro.
Sono le cinque.
Sono le sei.

Es ist sieben Uhr.
Es ist acht Uhr.
Es ist neun Uhr.

Sono le sette.
Sono le otto.
Sono le nove.

Es ist zehn Uhr.
Es ist elf Uhr.
Es ist zwölf Uhr.

Sono le dieci.
Sono le undici.
Sono le dodici (è mezzogiorno, è mezzanotte).

Eine Minute hat sechzig Sekunden.
Eine Stunde hat sechzig Minuten.
Ein Tag hat vierundzwanzig Stunden.

Un minuto ha sessanta secondi.
Un'ora ha sessanta minuti.
Un giorno ha ventiquattro ore.

9 [neun]

Wochentage

9 [nove]

I giorni della settimana

der Montag	il lunedì
der Dienstag	il martedì
der Mittwoch	il mercoledì
der Donnerstag	il giovedì
der Freitag	il venerdì
der Samstag	il sabato
der Sonntag	la domenica
die Woche	la settimana
von Montag bis Sonntag	da lunedì a domenica
Der erste Tag ist Montag.	Il primo giorno è il lunedì.
Der zweite Tag ist Dienstag.	Il secondo giorno è il martedì.
Der dritte Tag ist Mittwoch.	Il terzo giorno è il mercoledì.
Der vierte Tag ist Donnerstag.	Il quarto giorno è il giovedì.
Der fünfte Tag ist Freitag.	Il quinto giorno è il venerdì.
Der sechste Tag ist Samstag.	Il sesto giorno è il sabato.
Der siebte Tag ist Sonntag.	Il settimo giorno è la domenica.
Die Woche hat sieben Tage.	La settimana ha sette giorni.
Wir arbeiten nur fünf Tage.	Noi lavoriamo solo cinque giorni.

10 [zehn]

Gestern - heute - morgen

10 [dieci]

Ieri - oggi - domani

Gestern war Samstag.
Gestern war ich im Kino.
Der Film war interessant.

Ieri era sabato.
Ieri sono stato al cinema.
Il film era interessante.

Heute ist Sonntag.
Heute arbeite ich nicht.
Ich bleibe zu Hause.

Oggi è domenica.
Oggi non lavoro.
Resto a casa.

Morgen ist Montag.
Morgen arbeite ich wieder.
Ich arbeite im Büro.

Domani è lunedì.
Domani lavoro di nuovo.
Lavoro in ufficio.

Wer ist das?
Das ist Peter.
Peter ist Student.

Chi è?
È Peter.
Peter è uno studente.

Wer ist das?
Das ist Martha.
Martha ist Sekretärin.

Questa chi è?
Questa è Martha.
Martha è una segretaria.

Peter und Martha sind Freunde.
Peter ist der Freund von Martha.
Martha ist die Freundin von Peter.

Peter e Martha sono amici.
Peter è l'amico di Martha.
Martha è l'amica di Peter.

11 [elf]

Monate

der Januar
der Februar
der März

der April
der Mai
der Juni

Das sind sechs Monate.
Januar, Februar, März,
April, Mai und Juni.

der Juli
der August
der September

der Oktober
der November
der Dezember

Das sind auch sechs Monate.
Juli, August, September,
Oktober, November und Dezember.

11 [undici]

Mesi

(il) gennaio
(il) febbraio
(il) marzo

(l') aprile
(il) maggio
(il) giugno

Questi sono sei mesi.
Gennaio, febbraio, marzo,
aprile, maggio e giugno.

(il) luglio
(il) agosto
(il) settembre

(il) ottobre
(il) novembre
(il) dicembre

Anche questi sono sei mesi.
Luglio, agosto, settembre,
ottobre, novembre, dicembre.

12 [zwölf]

Getränke

12 [dodici]

Bevande

Ich trinke Tee.
Ich trinke Kaffee.
Ich trinke Mineralwasser.

Io bevo tè.
Io bevo caffè.
Io bevo acqua minerale.

Trinkst du Tee mit Zitrone?
Trinkst du Kaffee mit Zucker?
Trinkst du Wasser mit Eis?

Bevi il tè con il limone?
Bevi il caffè con lo zucchero?
Bevi acqua con ghiaccio?

Hier ist eine Party.
Die Leute trinken Sekt.
Die Leute trinken Wein und Bier.

Qui c'è una festa.
La gente beve prosecco.
La gente beve vino e birra.

Trinkst du Alkohol?
Trinkst du Whisky?
Trinkst du Cola mit Rum?

Bevi alcolici?
Bevi Whisky?
Bevi Coca Cola con il rum?

Ich mag keinen Sekt.
Ich mag keinen Wein.
Ich mag kein Bier.

Non mi piace il prosecco.
Non mi piace il vino.
Non mi piace la birra.

Das Baby mag Milch.
Das Kind mag Kakao und Apfelsaft.
Die Frau mag Orangensaft und Grapefruitsaft.

Al bambino piace il latte.
Al bambino piacciono la cioccolata e il succo di mela.
Alla donna piacciono la spremuta d'arancia e il succo al pompelmo.

13 [dreizehn]

Tätigkeiten

13 [tredici]

Attività

Was macht Martha?
Sie arbeitet im Büro.
Sie arbeitet am Computer.

Che cosa fa Martha?
Lavora in ufficio.
Lavora al computer.

Wo ist Martha?
Im Kino
Sie schaut sich ein Film an.

Dov'è Martha?
Al cinema
Guarda un film.

Was macht Peter?
Er studiert an der Universität.
Er studiert Sprachen.

Che cosa fa Peter?
Studia all'università.
Studia lingue.

Wo ist Peter?
Im Café.
Er trinkt Kaffee.

Dov'è Peter?
Al bar.
Beve un caffè.

Wohin gehen sie gern?
Ins Konzert.
Sie hören gern Musik.

Dove gli piace andare?
Ai concerti.
Gli piace ascoltare la musica.

Wohin gehen sie nicht gern?
In die Disco.
Sie tanzen nicht gern.

Dove non vanno volentieri?
In discoteca.
Non gli piace ballare.

14 [vierzehn]

Farben

14 [quattordici]

Colori

Der Schnee ist weiß.
Die Sonne ist gelb.
Die Orange ist orange.

Die Kirsche ist rot.
Der Himmel ist blau.
Das Gras ist grün.

Die Erde ist braun.
Die Wolke ist grau.
Die Reifen sind schwarz.

Welche Farbe hat der Schnee? Weiß.
Welche Farbe hat die Sonne? Gelb.
Welche Farbe hat die Orange? Orange.

Welche Farbe hat die Kirsche? Rot.
Welche Farbe hat der Himmel? Blau.
Welche Farbe hat das Gras? Grün.

Welche Farbe hat die Erde? Braun.
Welche Farbe hat die Wolke? Grau.
Welche Farbe haben die Reifen? Schwarz.

La neve è bianca.
Il sole è giallo.
L'arancia è arancione.

La ciliegia è rossa.
Il cielo è azzurro.
L'erba è verde.

La terra è marrone.
La nuvola è grigia.
Le ruote sono nere.

Di che colore è la neve? Bianca.
Di che colore è il sole? Giallo.
Di che colore è l'arancia? Arancione.

Di che colore è la ciliegia? Rossa.
Di che colore è il cielo? Azzurro.
Di che colore è l'erba? Verde.

Di che colore è la terra? Marrone.
Di che colore è la nuvola? Grigia.
Di che colore sono le ruote? Nere.

15 [fünfzehn]

Früchte und Lebensmittel

15 [quindici]

Frutti e generi alimentari

Ich habe eine Erdbeere.
Ich habe eine Kiwi und eine Melone.
Ich habe eine Orange und eine Grapefruit.

Ich habe einen Apfel und eine Mango.
Ich habe eine Banane und eine Ananas.
Ich mache einen Obstsalat.

Ich esse einen Toast.
Ich esse einen Toast mit Butter.
Ich esse einen Toast mit Butter und Marmelade.

Ich esse ein Sandwich.
Ich esse ein Sandwich mit Margarine.
Ich esse ein Sandwich mit Margarine und Tomate.

Wir brauchen Brot und Reis.
Wir brauchen Fisch und Steaks.
Wir brauchen Pizza und Spagetti.

Was brauchen wir noch?
Wir brauchen Karotten und Tomaten für die Suppe.
Wo ist ein Supermarkt?

Io ho una fragola.
Io ho un kiwi e un melone.
Io ho un'arancia e un pompelmo.

Io ho una mela e un mango.
Io ho una banana e un'ananas.
Io preparo una macedonia.

Io mangio un toast.
Io mangio un toast con il burro.
Io mangio un toast con burro e marmellata.

Io mangio un tramezzino.
Io mangio un tramezzino con la margarina.
Io mangio un tramezzino con margarina e pomodoro.

Abbiamo bisogno di pane e riso.
Abbiamo bisogno di pesce e bistecche.
Abbiamo bisogno di pizza e spaghetti.

Di che cosa abbiamo ancora bisogno?
Abbiamo bisogno di carote e pomodori per la minestra.
Dove troviamo un supermercato?

16 [sechzehn]

Jahreszeiten und Wetter

16 [sedici]

Stagioni e tempo

Das sind die Jahreszeiten:
Der Frühling, der Sommer,
der Herbst und der Winter.

Queste sono le stagioni:
La primavera, l'estate,
l'autunno e l'inverno.

Der Sommer ist heiß.
Im Sommer scheint die Sonne.
Im Sommer gehen wir gern spazieren.

D'estate fa caldo.
D'estate c'è il sole.
D'estate ci piace andare a passeggio.

Der Winter ist kalt.
Im Winter schneit oder regnet es.
Im Winter bleiben wir gern zu Hause.

D'inverno fa freddo.
D'inverno nevica o piove.
D'inverno preferiamo restare in casa.

Es ist kalt.
Es regnet.
Es ist windig.

Fa freddo.
Piove.
Tira vento.

Es ist warm
Es ist sonnig.
Es ist heiter.

Fa caldo.
C'è il sole.
È sereno.

Wie ist das Wetter heute?
Es ist kalt heute.
Es ist warm heute.

Che tempo fa oggi?
Oggi fa freddo.
Oggi fa caldo.

17 [siebzehn]

Im Haus

17 [diciassette]

A casa

Hier ist unser Haus.
Oben ist das Dach.
Unten ist der Keller.

Ecco la nostra casa.
Sopra c'è il tetto.
Sotto c'è la cantina.

Hinter dem Haus ist ein Garten.
Vor dem Haus ist keine Straße.
Neben dem Haus sind Bäume.

Dietro la casa c'è un giardino.
Davanti alla casa non c'è nessuna strada.
Vicino alla casa ci sono degli alberi.

Hier ist meine Wohnung.
Hier ist die Küche und das Bad.
Dort ist das Wohnzimmer und das Schlafzimmer.

Ecco il mio appartamento.
Ecco la cucina e il bagno.
Lì ci sono il salotto e la camera da letto.

Die Haustür ist geschlossen.
Aber die Fenster sind offen.
Es ist heiß heute.

La porta è chiusa.
Ma le finestre sono aperte.
Oggi fa caldo.

Wir gehen in das Wohnzimmer.
Dort ist ein Sofa und ein Sessel.
Setzen Sie sich!

Noi andiamo in salotto.
Lì ci sono un divano e una poltrona.
Si sieda!

Dort steht mein Computer.
Dort steht meine Stereoanlage.
Der Fernseher ist ganz neu.

Li c'è il mio computer.
Lì c'è il mio (impianto) stereo.
Il televisore è nuovo di zecca.

18 [achtzehn]

Hausputz

18 [diciotto]

Pulizie di casa

Heute ist Samstag.
Heute haben wir Zeit.
Heute putzen wir die Wohnung.

Oggi è sabato.
Oggi abbiamo tempo.
Oggi puliamo l'appartamento.

Ich putze das Bad.
Mein Mann wäscht das Auto.
Die Kinder putzen die Fahrräder.

Io pulisco il bagno.
Mio marito pulisce la macchina/l'auto.
I bambini puliscono le biciclette.

Oma gießt die Blumen.
Die Kinder räumen das Kinderzimmer auf.
Mein Mann räumt seinen Schreibtisch auf.

La nonna annaffia i fiori.
I bambini mettono in ordine la loro stanza.
Mio marito mette in ordine la sua scrivania.

Ich stecke die Wäsche in die Waschmaschine.
Ich hänge die Wäsche auf.
Ich bügele die Wäsche.

Metto la biancheria nella lavatrice.
Stendo il bucato.
Stiro la biancheria.

Die Fenster sind schmutzig.
Der Fußboden ist schmutzig.
Das Geschirr ist schmutzig.

Le finestre sono sporche.
Il pavimento è sporco.
Le stoviglie sono sporche.

Wer putzt die Fenster?
Wer saugt Staub?
Wer spült das Geschirr?

Chi pulisce le finestre?
Chi spolvera?/Chi passa l'aspirapolvere?
Chi lava i piatti?

19 [neunzehn]

In der Küche

19 [diciannove]

In cucina

Hast du eine neue Küche?
Was willst du heute kochen?
Kochst du elektrisch oder mit Gas?

Hai una nuova cucina?
Cosa vuoi cucinare oggi?
La cucina è elettrica o a gas?

Soll ich die Zwiebeln schneiden?
Soll ich die Kartoffeln schälen?
Soll ich den Salat waschen?

Taglio le cipolle?
Pelo le patate?
Lavo l'insalata?

Wo sind die Gläser?
Wo ist das Geschirr?
Wo ist das Besteck?

Dove sono i bicchieri?
Dove sono le stoviglie?
Dove sono le posate?

Hast du einen Dosenöffner?
Hast du einen Flaschenöffner?
Hast du einen Korkenzieher?

Hai un apriscatole?
Hai un apribottiglie?
Hai un cavatappi?

Kochst du die Suppe in diesem Topf?
Brätst du den Fisch in dieser Pfanne?
Grillst du das Gemüse auf diesem Grill?

Fai bollire la zuppa in quella pentola?
Cuoci il pesce in quella padella?
Cuoci la verdura su quella griglia?

Ich decke den Tisch.
Hier sind die Messer, Gabeln und Löffel.
Hier sind die Gläser, die Teller und die Servietten.

Io preparo la tavola.
Ecco i coltelli, le forchette e i cucchiai.
Ecco i bicchieri, i piatti e i tovaglioli.

Small Talk 1

Small Talk / chiacchiere 1

Machen Sie es sich bequem!	Si accomodi!
Fühlen Sie sich wie zu Hause!	Faccia come a casa Sua!
Was möchten Sie trinken?	Che cosa desidera da bere?
Lieben Sie Musik?	Le piace la musica?
Ich mag klassische Musik.	Mi piace la musica classica.
Hier sind meine CDs.	Ecco i miei CD.
Spielen Sie ein Instrument?	Suona uno strumento?
Hier ist meine Gitarre.	Ecco la mia chitarra.
Singen Sie gern?	Le piace cantare?
Haben Sie Kinder?	Ha figli?
Haben Sie einen Hund?	Ha un cane?
Haben Sie eine Katze?	Ha un gatto?
Hier sind meine Bücher.	Ecco i miei libri.
Ich lese gerade dieses Buch.	Sto leggendo questo libro.
Was lesen Sie gern?	Che cosa Le piace leggere?
Gehen Sie gern ins Konzert?	Va volentieri al concerto?
Gehen Sie gern ins Theater?	Va volentieri a teatro?
Gehen Sie gern in die Oper?	Va volentieri all'opera?

21 [einundzwanzig]

Small Talk 2

21 [ventuno]

Small Talk / chiacchiere 2

Woher kommen Sie?
Aus Basel.
Basel liegt in der Schweiz.

Da dove viene Lei? / Di dov'è?
Da Basilea. / Di Basilea.
Basilea si trova in Svizzera.

Darf ich Ihnen Herrn Müller vorstellen?
Er ist Ausländer.
Er spricht mehrere Sprachen.

Le posso presentare il signor Müller?
Lui è straniero.
Parla diverse lingue.

Sind Sie zum ersten Mal hier?
Nein, ich war schon letztes Jahr hier.
Aber nur eine Woche lang.

Lei è qui per la prima volta?
No, ci sono stato già l'anno scorso.
Ma solo per una settimana.

Wie gefällt es Ihnen bei uns?
Sehr gut. Die Leute sind nett.
Und die Landschaft gefällt mir auch.

Come si trova da noi?
Molto bene. La gente è gentile.
Ed anche il paesaggio mi piace.

Was sind Sie von Beruf?
Ich bin Übersetzer.
Ich übersetze Bücher.

Qual è la Sua professione?
Sono traduttore.
Traduco libri.

Sind Sie allein hier?
Nein, meine Frau / mein Mann ist auch hier.
Und dort sind meine beiden Kinder.

È solo / sola qui?
No, c'è anche mia moglie / mio marito.
E quelli sono i miei due figli.

Small Talk 3

Rauchen Sie?
Früher ja.
Aber jetzt rauche ich nicht mehr.

Stört es Sie, wenn ich rauche?
Nein, absolut nicht.
Das stört mich nicht.

Trinken Sie etwas?
Einen Cognac?
Nein, lieber ein Bier.

Reisen Sie viel?
Ja, meistens sind das Geschäftsreisen.
Aber jetzt machen wir hier Urlaub.

Was für eine Hitze!
Ja, heute ist es wirklich heiß.
Gehen wir auf den Balkon.

Morgen gibt es hier eine Party.
Kommen Sie auch?
Ja, wir sind auch eingeladen.

Small Talk / chiacchiere 3

Lei fuma?
Una volta fumavo.
Ma adesso non fumo più.

La disturbo se fumo?
No, affatto.
Non mi disturba.

Beve qualcosa?
Un cognac?
No, piuttosto una birra.

Lei viaggia molto?
Sì, di solito sono viaggi di affari.
Ma adesso siamo in vacanza.

Che afa!
Sì, oggi fa veramente caldo.
Andiamo fuori sul balcone.

Domani c'è una festa.
Ci viene anche Lei?
Sì, anche noi siamo invitati.

23 [dreiundzwanzig]

Fremdsprachen lernen

23 [ventitré]

Studiare le lingue straniere

Wo haben Sie Spanisch gelernt?	Dove ha imparato lo spagnolo?
Können Sie auch Portugiesisch?	Sa anche il portoghese?
Ja, und ich kann auch etwas Italienisch.	Sì, e so anche un po' d'italiano.
Ich finde, Sie sprechen sehr gut.	Trovo che lo parla molto bene.
Die Sprachen sind ziemlich ähnlich.	Le lingue sono piuttosto simili.
Ich kann sie gut verstehen.	Riesco a capirle bene.
Aber sprechen und schreiben ist schwer.	Ma parlare e scrivere è difficile.
Ich mache noch viele Fehler.	Faccio ancora molti errori.
Bitte korrigieren Sie mich immer.	Per favore, mi corregga sempre.
Ihre Aussprache ist ganz gut.	La Sua pronuncia è molto buona.
Sie haben einen kleinen Akzent.	Lei ha un leggero accento.
Man erkennt, woher Sie kommen.	Si può capire da dove viene.
Was ist Ihre Muttersprache?	Qual'è la Sua madrelingua?
Machen Sie einen Sprachkurs?	Frequenta un corso di lingue?
Welches Lehrwerk benutzen Sie?	Che libro di testo utilizza?
Ich weiß im Moment nicht, wie das heißt.	In questo momento non ricordo come si chiama.
Mir fällt der Titel nicht ein.	Non mi viene in mente il titolo.
Ich habe das vergessen.	L'ho dimenticato.

24 [vierundzwanzig]

Verabredung

24 [ventiquattro]

Appuntamento

Hast du den Bus verpasst?
Ich habe eine halbe Stunde auf dich gewartet.
Hast du kein Handy bei dir?

Sei das nächste Mal pünktlich!
Nimm das nächste Mal ein Taxi!
Nimm das nächste Mal einen Regenschirm mit!

Morgen habe ich frei.
Wollen wir uns morgen treffen?
Tut mir Leid, morgen geht es bei mir nicht.

Hast du dieses Wochenende schon etwas vor?
Oder bist du schon verabredet?
Ich schlage vor, wir treffen uns am Wochenende.

Wollen wir Picknick machen?
Wollen wir an den Strand fahren?
Wollen wir in die Berge fahren?

Ich hole dich vom Büro ab.
Ich hole dich von zu Hause ab.
Ich hole dich an der Bushaltestelle ab.

Hai perso l'autobus?
Ti ho aspettato per mezz'ora.
Non hai con te un cellulare?

La prossima volta sii puntuale!
La prossima volta prendi un taxi!
La prossima volta prendi un ombrello!

Domani sono libero.
Ci vediamo domani?
Mi dispiace,domani non posso.

Hai già programmi per questo fine settimana?
O hai già qualche impegno?
Io propongo di vederci questo fine settimana.

Facciamo un picnic?
Andiamo in spiaggia?
Andiamo in montagna?

Ti passo a prendere in ufficio.
Ti passo a prendere a casa.
Ti passo a prendere alla fermata dell'autobus.

25 [fünfundzwanzig]

In der Stadt

25 [venticinque]

In città

Ich möchte zum Bahnhof.
Ich möchte zum Flughafen.
Ich möchte ins Stadtzentrum.

Vorrei andare alla stazione.
Vorrei andare all'aeroporto.
Vorrei andare in centro.

Wie komme ich zum Bahnhof?
Wie komme ich zum Flughafen?
Wie komme ich ins Stadtzentrum?

Qual è la strada per la stazione?
Qual è la strada per l'aeroporto?
Qual è la strada per il centro?

Ich brauche ein Taxi.
Ich brauche einen Stadtplan.
Ich brauche ein Hotel.

Ho bisogno di un tassì.
Mi serve una piantina della città.
Mi occorre un albergo.

Ich möchte ein Auto mieten.
Hier ist meine Kreditkarte.
Hier ist mein Führerschein.

Vorrei noleggiare una macchina.
Ecco la mia carta di credito.
Ecco la mia patente.

Was gibt es in der Stadt zu sehen?
Gehen Sie in die Altstadt.
Machen Sie eine Stadtrundfahrt.

Cosa c'è da vedere in città?
Vada nel centro storico.
Faccia un giro della città.

Gehen Sie zum Hafen.
Machen Sie eine Hafenrundfahrt.
Welche Sehenswürdigkeiten gibt es außerdem noch?

Vada al porto.
Faccia un giro al porto.
Quali attrazioni turistiche ci sono ancora?

26 [sechsundzwanzig]

In der Natur

26 [ventisei]

Nella natura

Siehst du dort den Turm?	Vedi quella torre lì?
Siehst du dort den Berg?	Vedi quella montagna lì?
Siehst du dort das Dorf?	Vedi quel villaggio lì?
Siehst du dort den Fluss?	Vedi quel fiume lì?
Siehst du dort die Brücke?	Vedi quel ponte lì?
Siehst du dort den See?	Vedi quel lago lì?
Der Vogel da gefällt mir.	Questo uccello qui mi piace.
Der Baum da gefällt mir.	Quest'albero qui mi piace.
Der Stein hier gefällt mir.	Questa pietra qui mi piace.
Der Park da gefällt mir.	Questo parco qui mi piace.
Der Garten da gefällt mir.	Questo giardino qui mi piace.
Die Blume hier gefällt mir.	Questo fiore qui mi piace.
Ich finde das hübsch.	Lo trovo carino.
Ich finde das interessant.	Lo trovo interessante.
Ich finde das wunderschön.	Lo trovo meraviglioso.
Ich finde das hässlich.	Lo trovo brutto.
Ich finde das langweilig.	Lo trovo noioso.
Ich finde das furchtbar.	Lo trovo orribile.

27 [siebenundzwanzig]

Im Hotel - Ankunft

27 [ventisette]

In Hotel - Arrivo

Haben Sie ein Zimmer frei?	Ha una camera libera?
Ich habe ein Zimmer reserviert.	Ho prenotato una camera.
Mein Name ist Müller.	Mi chiamo Müller.
Ich brauche ein Einzelzimmer.	Ho bisogno di una camera singola.
Ich brauche ein Doppelzimmer.	Ho bisogno di una camera doppia.
Wie viel kostet das Zimmer pro Nacht?	Quanto costa la camera a notte?
Ich möchte ein Zimmer mit Bad.	Vorrei una camera con bagno.
Ich möchte ein Zimmer mit Dusche.	Vorrei una camera con doccia.
Kann ich das Zimmer sehen?	Posso vedere la camera?
Gibt es hier eine Garage?	C'è un garage qui?
Gibt es hier einen Safe?	C'è una cassaforte qui?
Gibt es hier ein Fax?	C'è un fax qui?
Gut, ich nehme das Zimmer.	Bene, prendo la camera.
Hier sind die Schlüssel.	Ecco le chiavi.
Hier ist mein Gepäck.	Ecco i miei bagagli.
Um wie viel Uhr gibt es Frühstück?	A che ora c'è la colazione?
Um wie viel Uhr gibt es Mittagessen?	A che ora c'è il pranzo?
Um wie viel Uhr gibt es Abendessen?	A che ora c'è la cena?

28 [achtundzwanzig]

Im Hotel - Beschwerden

28 [ventotto]

In Hotel - Lamentele

Die Dusche funktioniert nicht.
Es kommt kein warmes Wasser.
Können Sie das reparieren lassen?

La doccia non funziona.
Non c'è acqua calda.
Può farla riparare?

Es gibt kein Telefon im Zimmer.
Es gibt keinen Fernseher im Zimmer.
Das Zimmer hat keinen Balkon.

Nella stanza non c'è il telefono.
Nella stanza non c'è il televisore.
La stanza non ha la terrazza.

Das Zimmer ist zu laut.
Das Zimmer ist zu klein.
Das Zimmer ist zu dunkel.

Nella camera c'è troppo rumore.
La camera è troppo piccola.
La camera è troppo scura.

Die Heizung funktioniert nicht.
Die Klimaanlage funktioniert nicht.
Der Fernseher ist kaputt.

Il riscaldamento non funziona.
L'aria condizionata non funziona.
Il televisore è guasto.

Das gefällt mir nicht.
Das ist mir zu teuer.
Haben Sie etwas Billigeres?

Questa non mi piace.
Questa è troppo cara.
Avete qualcosa di più economico?

Gibt es hier in der Nähe eine Jugendherberge?
Gibt es hier in der Nähe eine Pension?
Gibt es hier in der Nähe ein Restaurant?

C'è un ostello della gioventù qui vicino?
C'è una pensione qui vicino?
C'è un ristorante qui vicino?

29 [neunundzwanzig]

Im Restaurant 1

29 [ventinove]

Al ristorante 1

Ist der Tisch frei?	È libero questo tavolo?
Ich möchte bitte die Speisekarte.	Vorrei il menu, per favore.
Was können Sie empfehlen?	Che cosa mi può raccomandare?
Ich hätte gern ein Bier.	Vorrei una birra.
Ich hätte gern ein Mineralwasser.	Vorrei una minerale.
Ich hätte gern einen Orangensaft.	Vorrei un'aranciata.
Ich hätte gern einen Kaffee.	Vorrei un caffè.
Ich hätte gern einen Kaffee mit Milch.	Vorrei un caffè macchiato.
Mit Zucker, bitte.	Con lo zucchero, per favore.
Ich möchte einen Tee.	Vorrei un tè.
Ich möchte einen Tee mit Zitrone.	Vorrei un tè al limone.
Ich möchte einen Tee mit Milch.	Vorrei un tè con latte.
Haben Sie Zigaretten?	Ha delle sigarette?
Haben Sie einen Aschenbecher?	Ha un portacenere?
Haben Sie Feuer?	Ha da accendere?
Mir fehlt eine Gabel.	Mi manca una forchetta.
Mir fehlt ein Messer.	Mi manca un coltello.
Mir fehlt ein Löffel.	Mi manca un cucchiaio.

30 [dreißig]

Im Restaurant 2

30 [trenta]

Al ristorante 2

Einen Apfelsaft, bitte.	Un succo di mela, per favore.
Eine Limonade, bitte.	Una limonata, per favore.
Einen Tomatensaft, bitte.	Un succo di pomodoro, per favore.
Ich hätte gern ein Glas Rotwein.	Vorrei un bicchiere di vino rosso.
Ich hätte gern ein Glas Weißwein.	Vorrei un bicchiere di vino bianco.
Ich hätte gern eine Flasche Sekt.	Vorrei una bottiglia di spumante.
Magst du Fisch?	Ti piace il pesce?
Magst du Rindfleisch?	Ti piace il manzo?
Magst du Schweinefleisch?	Ti piace la carne di maiale?
Ich möchte etwas ohne Fleisch.	Vorrei qualcosa senza carne.
Ich möchte eine Gemüseplatte.	Vorrei un piatto di verdura.
Ich möchte etwas, was nicht lange dauert.	Vorrei un piatto veloce.
Möchten Sie das mit Reis?	Lo vuole con il riso?
Möchten Sie das mit Nudeln?	Lo vuole con la pasta?
Möchten Sie das mit Kartoffeln?	Lo vuole con le patate?
Das schmeckt mir nicht.	Questo non mi piace.
Das Essen ist kalt.	Il cibo è freddo.
Das habe ich nicht bestellt.	Questo non l'ho ordinato io.

31 [einunddreißig]

Im Restaurant 3

31 [trentuno]

Al ristorante 3

Ich möchte eine Vorspeise.	Vorrei un antipasto.
Ich möchte einen Salat.	Vorrei un'insalata.
Ich möchte eine Suppe.	Vorrei una minestra.
Ich möchte einen Nachtisch.	Vorrei un dessert.
Ich möchte ein Eis mit Sahne.	Vorrei un gelato con panna.
Ich möchte Obst oder Käse.	Vorrei della frutta o del formaggio.
Wir möchten frühstücken.	Vogliamo fare colazione.
Wir möchten zu Mittag essen.	Vogliamo pranzare.
Wir möchten zu Abend essen.	Vogliamo cenare.
Was möchten Sie zum Frühstück?	Che cosa volete a colazione?
Brötchen mit Marmelade und Honig?	Panini con marmellata e miele?
Toast mit Wurst und Käse?	Toast con salumi e formaggio?
Ein gekochtes Ei?	Un uovo sodo?
Ein Spiegelei?	Un uovo all'occhio di bue?
Ein Omelett?	Una frittata?
Bitte noch einen Joghurt.	Ancora uno yogurt, per favore.
Bitte noch Salz und Pfeffer.	Ancora sale e pepe, per favore.
Bitte noch ein Glas Wasser.	Ancora un bicchiere d'acqua, per favore.

32 [zweiunddreißig]

Im Restaurant 4

32 [trentadue]

Al ristorante 4

Einmal Pommes Frites mit Ketchup.
Und zweimal mit Mayonnaise.
Und dreimal Bratwurst mit Senf.

Una porzione di patatine con ketchup.
E due porzioni con maionese.
E tre porzioni di salsiccia con senape.

Was für Gemüse haben Sie?
Haben Sie Bohnen?
Haben Sie Blumenkohl?

Che verdure avete?
Avete fagioli?
Avete cavolfiore?

Ich esse gern Mais.
Ich esse gern Gurken.
Ich esse gern Tomaten.

Mi piace molto il mais.
Mi piacciono molto i cetrioli.
Mi piacciono molto i pomodori.

Essen Sie auch gern Lauch?
Essen Sie auch gern Sauerkraut?
Essen Sie auch gern Linsen?

Piace anche a Lei il porro?
Piacciono anche a Lei i crauti?
Piacciono anche a Lei le lenticchie?

Isst du auch gern Karotten?
Isst du auch gern Brokkoli?
Isst du auch gern Paprika?

Piacciono anche a te le carote?
Piacciono anche a te i broccoli?
Piacciono anche a te i peperoni?

Ich mag keine Zwiebeln.
Ich mag keine Oliven.
Ich mag keine Pilze.

Non mi piacciono le cipolle.
Non mi piacciono le olive.
Non mi piacciono i funghi.

33 [dreiunddreißig]

Im Bahnhof

33 [trentatré]

In stazione

Wann fährt der nächste Zug nach Berlin?
Wann fährt der nächste Zug nach Paris?
Wann fährt der nächste Zug nach London?

Quando parte il prossimo treno per Berlino?
Quando parte il prossimo treno per Parigi?
Quando parte il prossimo treno per Londra?

Um wie viel Uhr fährt der Zug nach Warschau?
Um wie viel Uhr fährt der Zug nach Stockholm?
Um wie viel Uhr fährt der Zug nach Budapest?

A che ora parte il treno per Varsavia?
A che ora parte il treno per Stoccolma?
A che ora parte il treno per Budapest?

Ich möchte eine Fahrkarte nach Madrid.
Ich möchte eine Fahrkarte nach Prag.
Ich möchte eine Fahrkarte nach Bern.

Vorrei un biglietto per Madrid.
Vorrei un biglietto per Praga.
Vorrei un biglietto per Berna.

Wann kommt der Zug in Wien an?
Wann kommt der Zug in Moskau an?
Wann kommt der Zug in Amsterdam an?

A che ora arriva il treno a Vienna?
A che ora arriva il treno a Mosca?
A che ora arriva il treno a Amsterdam?

Muss ich umsteigen?
Von welchem Gleis fährt der Zug ab?
Gibt es Schlafwagen im Zug?

Devo cambiare?
Da quale binario parte il treno?
C'è un vagone letto nel treno?

Ich möchte nur die Hinfahrt nach Brüssel.
Ich möchte eine Rückfahrkarte nach Kopenhagen.
Was kostet ein Platz im Schlafwagen?

Solo andata per Bruxelles.
Solo ritorno per Copenaghen.
Quanto costa un posto nel vagone letto?

34 [vierunddreißig]

Im Zug

34 [trentaquattro]

Sul treno

Ist das der Zug nach Berlin?
Wann fährt der Zug ab?
Wann kommt der Zug in Berlin an?

È questo il treno per Berlino?
Quando parte il treno?
Quando arriva il treno a Berlino?

Verzeihung, darf ich vorbei?
Ich glaube, das ist mein Platz.
Ich glaube, Sie sitzen auf meinem Platz.

Scusi, mi fa passare?
Credo che questo sia il mio posto.
Credo che Lei sia seduta al mio posto.

Wo ist der Schlafwagen?
Der Schlafwagen ist am Ende des Zuges.
Und wo ist der Speisewagen? - Am Anfang.

Dov'è il vagone letto?
Il vagone letto è in coda al treno.
E dov'è il vagone ristorante? In cima al treno.

Kann ich unten schlafen?
Kann ich in der Mitte schlafen?
Kann ich oben schlafen?

Posso dormire sotto?
Posso dormire al centro?
Posso dormire sopra?

Wann sind wir an der Grenze?
Wie lange dauert die Fahrt nach Berlin?
Hat der Zug Verspätung?

Quando arriveremo alla frontiera?
Quanto dura il viaggio fino a Berlino?
È in ritardo il treno?

Haben Sie etwas zu lesen?
Kann man hier etwas zu essen und zu trinken bekommen?
Würden Sie mich bitte um 7.00 Uhr wecken?

Ha qualcosa da leggere?
Si può avere qualcosa da mangiare e da bere?
Mi potrebbe svegliare alle sette?

35 [fünfunddreißig]

Am Flughafen

35 [trentacinque]

All' aeroporto

Ich möchte einen Flug nach Athen buchen.
Ist das ein Direktflug?
Bitte einen Fensterplatz, Nichtraucher.

Vorrei prenotare un volo per Atene.
È un volo diretto?
Per favore un posto vicino al finestrino, non fumatori.

Ich möchte meine Reservierung bestätigen.
Ich möchte meine Reservierung stornieren.
Ich möchte meine Reservierung umbuchen.

Vorrei confermare la mia prenotazione.
Vorrei annullare la mia prenotazione.
Vorrei cambiare la mia prenotazione.

Wann geht die nächste Maschine nach Rom?
Sind noch zwei Plätze frei?
Nein, wir haben nur noch einen Platz frei.

Quando parte il prossimo aereo per Roma?
Ci sono ancora due posti liberi?
No, abbiamo solo un posto libero.

Wann landen wir?
Wann sind wir da?
Wann fährt ein Bus ins Stadtzentrum?

Quando atterriamo?
Quando arriviamo?
Quando parte l'autobus per il centro?

Ist das Ihr Koffer?
Ist das Ihre Tasche?
Ist das Ihr Gepäck?

È Sua questa valigia?
È Sua questa borsa?
È Suo questo bagaglio?

Wie viel Gepäck kann ich mitnehmen?
Zwanzig Kilo.
Was, nur zwanzig Kilo?

Quanto bagaglio posso portare?
Venti chili.
Come, solo venti chili?

36 [sechsunddreißig]

Öffentlicher Nahverkehr

36 [trentasei]

Trasporti pubblici

Wo ist die Bushaltestelle?
Welcher Bus fährt ins Zentrum?
Welche Linie muss ich nehmen?

Dov'è la fermata dell'autobus?
Quale autobus va in centro?
Che linea devo prendere?

Muss ich umsteigen?
Wo muss ich umsteigen?
Was kostet ein Fahrschein?

Devo cambiare?
Dove devo cambiare?
Quanto costa un biglietto?

Wie viele Haltestellen sind es bis zum Zentrum?
Sie müssen hier aussteigen.
Sie müssen hinten aussteigen.

Quante fermate ci sono fino in centro?
Deve scendere qui.
Deve scendere dietro.

Die nächste U-Bahn kommt in 5 Minuten.
Die nächste Straßenbahn kommt in 10 Minuten.
Der nächste Bus kommt in 15 Minuten.

La prossima metropolitana arriva fra cinque minuti.
Il prossimo tram passa fra dieci minuti.
Il prossimo autobus passa fra quindici minuti.

Wann fährt die letzte U-Bahn?
Wann fährt die letzte Straßenbahn?
Wann fährt der letzte Bus?

Quando parte l'ultima metropolitana?
Quando parte l'ultimo tram?
Quando parte l'ultimo autobus?

Haben Sie einen Fahrschein?
Einen Fahrschein? - Nein, ich habe keinen.
Dann müssen Sie eine Strafe zahlen.

Ha il biglietto?
Il biglietto? - No, non ce l'ho.
Allora deve pagare la multa.

37 [siebenunddreißig]

Unterwegs

37 [trentasette]

In viaggio

Er fährt mit dem Motorrad.
Er fährt mit dem Fahrrad.
Er geht zu Fuß.

Er fährt mit dem Schiff.
Er fährt mit dem Boot.
Er schwimmt.

Ist es hier gefährlich?
Ist es gefährlich, allein zu trampen?
Ist es gefährlich, nachts spazieren zu gehen?

Wir haben uns verfahren.
Wir sind auf dem falschen Weg.
Wir müssen umkehren.

Wo kann man hier parken?
Gibt es hier einen Parkplatz?
Wie lange kann man hier parken?

Fahren Sie Ski?
Fahren Sie mit dem Skilift nach oben?
Kann man hier Ski leihen?

Lui va in motocicletta.
Lui va in bicicletta.
Lui va a piedi.

Lui va con la nave.
Lui va in barca.
Lui nuota.

È pericoloso qui?
È pericoloso fare l'autostop da soli?
È pericoloso passeggiare da soli di notte?

Ci siamo persi.
Abbiamo sbagliato strada.
Dobbiamo tornare indietro.

Dove possiamo parcheggiare?
C'è un parcheggio?
Per quanto tempo si può lasciare la macchina parcheggiata?

Lei scia?
Sale con lo skilift?
Si possono noleggiare degli sci?

38 [achtunddreißig]

Im Taxi

38 [trentotto]

In taxi/tassì

Rufen Sie bitte ein Taxi.
Was kostet es bis zum Bahnhof?
Was kostet es bis zum Flughafen?

Mi chiami un tassì, per favore.
Quanto costa fino alla stazione?
Quanto costa fino all'aeroporto?

Bitte geradeaus.
Bitte hier nach rechts.
Bitte dort an der Ecke nach links.

Sempre diritto, prego.
Qui giri destra, per favore.
All'angolo giri a sinistra, per favore.

Ich habe es eilig.
Ich habe Zeit.
Fahren Sie bitte langsamer.

Ho fretta.
Ho tempo.
Vada più piano, per favore.

Halten Sie hier bitte.
Warten Sie bitte einen Moment.
Ich bin gleich zurück.

Si fermi qui, per favore.
Aspetti un momento, per favore.
Ritorno subito.

Bitte geben Sie mir eine Quittung.
Ich habe kein Kleingeld.
Es stimmt so, der Rest ist für Sie.

Mi dia la ricevuta, per favore.
Non ho spiccioli.
Va bene così, il resto è per Lei.

Fahren Sie mich zu dieser Adresse.
Fahren Sie mich zu meinem Hotel.
Fahren Sie mich zum Strand.

Mi porti a questo indirizzo.
Mi porti al mio albergo.
Mi porti alla spiaggia.

39 [neununddreißig]

Autopanne

39 [trentanove]

Guasto alla macchina

Wo ist die nächste Tankstelle?
Ich habe einen Platten.
Können Sie das Rad wechseln?

Dov'è il prossimo distributore di benzina?
Ho bucato.
Può cambiare la ruota?

Ich brauche ein paar Liter Diesel.
Ich habe kein Benzin mehr.
Haben Sie einen Reservekanister?

Mi occorrono alcuni litri di gasolio.
Ho finito la benzina.
Ha un bidone di riserva?

Wo kann ich telefonieren?
Ich brauche einen Abschleppdienst.
Ich suche eine Werkstatt.

Dove posso telefonare?
Ho bisogno di un autosoccorso.
Cerco un'officina.

Es ist ein Unfall passiert.
Wo ist das nächste Telefon?
Haben Sie ein Handy bei sich?

C'è stato un incidente.
Dov'è il telefono più vicino?
Ha un cellulare?

Wir brauchen Hilfe.
Rufen Sie einen Arzt!
Rufen Sie die Polizei!

Ci occorre aiuto.
Chiami un medico!
Chiami la polizia!

Ihre Papiere, bitte.
Ihren Führerschein, bitte.
Ihren Kfz-Schein, bitte.

I documenti, per favore.
La patente, per favore.
Il libretto di circolazione, per favore.

40 [vierzig]

Nach dem Weg fragen

40 [quaranta]

Chiedere indicazioni

Entschuldigen Sie!
Können Sie mir helfen?
Wo gibt es hier ein gutes Restaurant?

Mi scusi!
Mi può aiutare?
C'è un buon ristorante da queste parti?

Gehen Sie links um die Ecke.
Gehen Sie dann ein Stück geradeaus.
Gehen Sie dann hundert Meter nach rechts.

Qui all'angolo giri a sinistra.
Poi segua dritto per un po'.
Dopo cento metri giri a destra.

Sie können auch den Bus nehmen.
Sie können auch die Straßenbahn nehmen.
Sie können auch einfach hinter mir herfahren.

Può anche prendere l'autobus.
Può anche prendere il tranvia.
Può anche seguirmi in macchina.

Wie komme ich zum Fußballstadion?
Überqueren Sie die Brücke!
Fahren Sie durch den Tunnel!

Come arrivo allo stadio?
Attraversi il ponte!
Passi il tunnel!

Fahren Sie bis zur dritten Ampel.
Biegen Sie dann die erste Straße rechts ab.
Fahren Sie dann geradeaus über die nächste Kreuzung.

Segua fino al terzo semaforo.
Prenda la prima strada a destra.
Poi al prossimo incrocio continui dritto.

Entschuldigung, wie komme ich zum Flughafen?
Am besten nehmen Sie die U-Bahn.
Fahren Sie einfach bis zur Endstation.

Scusi, come arrivo all'aeroporto?
È meglio se prende la metropolitana.
Arrivi fino all'ultima fermata.

41 [einundvierzig]

Orientierung

41 [quarantuno]

Orientamento

Wo ist das Fremdenverkehrsamt?
Haben Sie einen Stadtplan für mich?
Kann man hier ein Hotelzimmer reservieren?

Dove si trova l'ente per il turismo?
Ha una pianta della città per me?
Si può prenotare una camera qui?

Wo ist die Altstadt?
Wo ist der Dom?
Wo ist das Museum?

Dov'è il centro storico?
Dov'è il duomo?
Dov'è il museo?

Wo gibt es Briefmarken zu kaufen?
Wo gibt es Blumen zu kaufen?
Wo gibt es Fahrkarten zu kaufen?

Dove si possono comprare francobolli?
Dove si possono comprare fiori?
Dove si possono comprare biglietti?

Wo ist der Hafen?
Wo ist der Markt?
Wo ist das Schloss?

Dov'è il porto?
Dov'è il mercato?
Dov'è il castello?

Wann beginnt die Führung?
Wann endet die Führung?
Wie lange dauert die Führung?

Quando comincia la visita guidata?
Quando finisce la visita guidata?
Quanto dura la visita guidata?

Ich möchte einen Führer, der Deutsch spricht.
Ich möchte einen Führer, der Italienisch spricht.
Ich möchte einen Führer, der Französisch spricht.

Vorrei una guida che parli tedesco.
Vorrei una guida che parli italiano.
Vorrei una guida che parli francese.

42 [zweiundvierzig]

Stadtbesichtigung

42 [quarantadue]

Visita della città

Ist der Markt sonntags geöffnet?
Ist die Messe montags geöffnet?
Ist die Ausstellung dienstags geöffnet?

Hat der Zoo mittwochs geöffnet?
Hat das Museum donnerstags geöffnet?
Hat die Galerie freitags geöffnet?

Darf man fotografieren?
Muss man Eintritt bezahlen?
Wie viel kostet der Eintritt?

Gibt es eine Ermäßigung für Gruppen?
Gibt es eine Ermäßigung für Kinder?
Gibt es eine Ermäßigung für Studenten?

Was für ein Gebäude ist das?
Wie alt ist das Gebäude?
Wer hat das Gebäude gebaut?

Ich interessiere mich für Architektur.
Ich interessiere mich für Kunst.
Ich interessiere mich für Malerei.

È aperto il mercato la domenica?
È aperta la fiera il lunedì?
È aperta l'esposizione il martedì?

È aperto lo zoo il mercoledì?
È aperto il museo il giovedì?
È aperta la galleria il venerdì?

È permesso fotografare?
Si deve pagare l'ingresso?
Quanto costa l'ingresso?

C'è uno sconto per gruppi?
C'è uno sconto per bambini?
C'è uno sconto per studenti?

Di che edificio si tratta?
Quando è stato costruito questo edificio?
Chi l'ha costruito?

Mi interesso di architettura.
Mi interesso di arte.
Mi interesso di pittura.

43 [dreiundvierzig]

Im Zoo

43 [quarantatré]

Allo zoo

Dort ist der Zoo.
Dort sind die Giraffen.
Wo sind die Bären?

Lì c'è lo zoo.
Lì ci sono le giraffe.
Dove sono gli orsi?

Wo sind die Elefanten?
Wo sind die Schlangen?
Wo sind die Löwen?

Dove sono gli elefanti?
Dove sono i serpenti?
Dove sono i leoni?

Ich habe einen Fotoapparat.
Ich habe auch eine Filmkamera.
Wo ist eine Batterie?

Io ho una macchina fotografica.
Io ho anche una telecamera.
Dove trovo una batteria?

Wo sind die Pinguine?
Wo sind die Kängurus?
Wo sind die Nashörner?

Dove sono i pinguini?
Dove sono i canguri?
Dove sono i rinoceronti?

Wo ist eine Toilette?
Dort ist ein Café.
Dort ist ein Restaurant.

Dove sono i servizi?
Lì c'è una caffetteria.
Lì c'è un ristorante.

Wo sind die Kamele?
Wo sind die Gorillas und die Zebras?
Wo sind die Tiger und die Krokodile?

Dove sono i cammelli?
Dove sono i gorilla e le zebre?
Dove sono le tigri ed i coccodrilli?

44 [vierundvierzig]

Abends ausgehen

44 [quarantaquattro]

Uscire la sera

Gibt es hier eine Diskothek?
Gibt es hier einen Nachtclub?
Gibt es hier eine Kneipe?

C'è una discoteca qui vicino?
C'è un locale notturno qui vicino?
C'è una taverna qui vicino?

Was gibt es heute Abend im Theater?
Was gibt es heute Abend im Kino?
Was gibt es heute Abend im Fernsehen?

Cosa c'è stasera a teatro?
Cosa c'è stasera al cinema?
Cosa c'è stasera alla televisione?

Gibt es noch Karten fürs Theater?
Gibt es noch Karten fürs Kino?
Gibt es noch Karten für das Fußballspiel?

Ci sono ancora biglietti per il teatro?
Ci sono ancora biglietti per il cinema?
Ci sono ancora biglietti per la partita?

Ich möchte ganz hinten sitzen.
Ich möchte irgendwo in der Mitte sitzen.
Ich möchte ganz vorn sitzen.

Voglio sedermi proprio in fondo.
Voglio sedermi in un posto al centro.
Voglio sedermi in prima fila.

Können Sie mir etwas empfehlen?
Wann beginnt die Vorstellung?
Können Sie mir eine Karte besorgen?

Che cosa mi può consigliare?
Quando comincia lo spettacolo?
Può procurarmi un biglietto?

Ist hier in der Nähe ein Golfplatz?
Ist hier in der Nähe ein Tennisplatz?
Ist hier in der Nähe ein Hallenbad?

C'è un campo da golf qui vicino?
C'è un campo da tennis qui vicino?
C'è una piscina qui vicino?

45 [fünfundvierzig]

Im Kino

45 [quarantacinque]

Al cinema

Wir wollen ins Kino.
Heute läuft ein guter Film.
Der Film ist ganz neu.

Vogliamo andare al cinema.
Oggi danno un bel film.
Il film è appena uscito.

Wo ist die Kasse?
Gibt es noch freie Plätze?
Was kosten die Eintrittskarten?

Dov'è la cassa?
Ci sono ancora posti liberi?
Quanto costano i biglietti?

Wann beginnt die Vorstellung?
Wie lange dauert der Film?
Kann man Karten reservieren?

Quando comincia lo spettacolo?
Quanto dura il film?
Si possono riservare dei biglietti?

Ich möchte hinten sitzen.
Ich möchte vorn sitzen.
Ich möchte in der Mitte sitzen.

Io vorrei sedermi dietro.
Io vorrei sedermi davanti.
Io vorrei sedermi al centro.

Der Film war spannend.
Der Film war nicht langweilig.
Aber das Buch zum Film war besser.

Il film è stato emozionante.
Il film non era noioso.
Ma il libro sul film era meglio.

Wie war die Musik?
Wie waren die Schauspieler?
Gab es Untertitel in englischer Sprache?

Com'era la colonna sonora?
Com'erano gli attori?
C'erano i sottotitoli in inglese?

46 [sechsundvierzig]

In der Diskothek

46 [quarantasei]

In discoteca

Ist der Platz hier frei?
Darf ich mich zu Ihnen setzen?
Gern.

È libero questo posto?
Posso sedermi accanto a voi?
Volentieri.

Wie finden Sie die Musik?
Ein bisschen zu laut.
Aber die Band spielt ganz gut.

Le piace questa musica?
È un po' troppo forte.
Ma il complesso suona bene.

Sind Sie öfter hier?
Nein, das ist das erste Mal.
Ich war noch nie hier.

Viene spesso qui?
No, è la prima volta.
Non ci ero mai stato.

Tanzen Sie?
Später vielleicht.
Ich kann nicht so gut tanzen.

Balla?
Forse più tardi.
Non so ballare molto bene.

Das ist ganz einfach.
Ich zeige es Ihnen.
Nein, lieber ein anderes Mal.

È molto semplice.
Glielo faccio vedere / insegno io.
No, forse un'altra volta.

Warten Sie auf jemand?
Ja, auf meinen Freund.
Da hinten kommt er ja!

Sta aspettando qualcuno?
Sì, il mio amico.
Eccolo che viene!

47 [siebenundvierzig]

Reisevorbereitungen

47 [quarantasette]

Preparativi del viaggio

Du musst unseren Koffer packen!
Du darfst nichts vergessen!
Du brauchst einen großen Koffer!

Devi preparare le nostre valigie!
Non devi dimenticare nulla/niente!
Hai bisogno di una grande valigia!

Vergiss nicht den Reisepass!
Vergiss nicht das Flugticket!
Vergiss nicht die Reiseschecks!

Non dimenticare il passaporto!
Non dimenticare il biglietto!
Non dimenticare i assegni turistici!

Nimm Sonnencreme mit.
Nimm die Sonnenbrille mit.
Nimm den Sonnenhut mit.

Portati la crema solare.
Portati gli occhiali da sole.
Portati il cappello per il sole.

Willst du eine Straßenkarte mitnehmen?
Willst du einen Reiseführer mitnehmen?
Willst du einen Regenschirm mitnehmen?

Vuoi portarti una cartina stradale?
Vuoi portarti una guida?
Vuoi portarti un ombrello?

Denk an die Hosen, die Hemden, die Socken.
Denk an die Krawatten, die Gürtel, die Sakkos.
Denk an die Schlafanzüge, die Nachthemden und die T-Shirts.

Non dimenticare i pantaloni, le camicie e i calzini.
Non dimenticare le cravatte, le cinture e le giacche.
Non dimenticare i pigiami, le camicie da notte e le magliette.

Du brauchst Schuhe, Sandalen und Stiefel.
Du brauchst Taschentücher, Seife und eine Nagelschere.
Du brauchst einen Kamm, eine Zahnbürste und Zahnpasta.

Hai bisogno di scarpe, sandali e stivali.
Hai bisogno di fazzoletti di carta, sapone e del tagliaunghie.
Hai bisogno di un pettine, uno spazzolino e del dentifricio.

48 [achtundvierzig]

Urlaubsaktivitäten

48 [quarantotto]

Attività in vacanza

Ist der Strand sauber?
Kann man dort baden?
Ist es nicht gefährlich, dort zu baden?

È pulita la spiaggia?
Si può fare il bagno?
Non è pericoloso fare il bagno lì?

Kann man hier einen Sonnenschirm leihen?
Kann man hier einen Liegestuhl leihen?
Kann man hier ein Boot leihen?

Si può noleggiare un ombrellone?
Si può noleggiare una sdraio?
Si può noleggiare una barca?

Ich würde gern surfen.
Ich würde gern tauchen.
Ich würde gern Wasserski fahren.

Mi piacerebbe fare windsurf.
Mi piacerebbe fare immersione subacquea.
Mi piacerebbe fare dello sci nautico.

Kann man ein Surfbrett mieten?
Kann man eine Taucherausrüstung mieten?
Kann man Wasserskier mieten?

Si può noleggiare un windsurf?
Si può noleggiare un'attrezzatura per sommozzatori?
Si possono noleggiare degli sci d'acqua?

Ich bin erst Anfänger.
Ich bin mittelgut.
Ich kenne mich damit schon aus.

Sono ancora principiante.
Sono di livello medio.
Me la cavo.

Wo ist der Skilift?
Hast du denn Skier dabei?
Hast du denn Skischuhe dabei?

Dov'è la sciovia?
Hai portato gli sci?
Hai portato gli scarponi da sci?

49 [neunundvierzig]

Sport

49 [quarantanove]

Sport

Treibst du Sport?
Ja, ich muss mich bewegen.
Ich gehe in einen Sportverein.

Fai dello sport?
Si, devo fare del movimento.
Vado in una società sportiva.

Wir spielen Fußball.
Manchmal schwimmen wir.
Oder wir fahren Rad.

Giochiamo a calcio.
Qualche volta nuotiamo.
Oppure andiamo in bicicletta.

In unserer Stadt gibt es ein Fußballstadion.
Es gibt auch ein Schwimmbad mit Sauna.
Und es gibt einen Golfplatz.

Nella nostra città c'è uno stadio.
C'è anche una piscina con la sauna.
E c'è un campo da golf.

Was gibt es im Fernsehen?
Gerade gibt es ein Fußballspiel.
Die deutsche Mannschaft spielt gegen die englische.

Cosa c'è in televisione?
Stanno dando una partita di pallone.
La squadra tedesca sta giocando contro quella inglese.

Wer gewinnt?
Ich habe keine Ahnung.
Im Moment steht es unentschieden.

Chi vince?
Non ne ho idea.
Al momento sono pari.

Der Schiedsrichter kommt aus Belgien.
Jetzt gibt es einen Elfmeter.
Tor! Eins zu null!

L'arbitro viene dal Belgio.
Adesso c'è un rigore.
Gol! Uno a zero!

50 [fünfzig]

50 [cinquanta]

Im Schwimmbad

In piscina

Heute ist es heiß.	Oggi fa caldo.
Gehen wir ins Schwimmbad?	Andiamo in piscina?
Hast du Lust, schwimmen zu gehen?	Hai voglia di andare a nuotare?
Hast du ein Handtuch?	Hai un asciugamano?
Hast du eine Badehose?	Hai un costume da bagno? (da uomo)
Hast du einen Badeanzug?	Hai un costume da bagno? (da donna)
Kannst du schwimmen?	Sai nuotare?
Kannst du tauchen?	Sai andare sott'acqua?
Kannst du ins Wasser springen?	Sai tuffarti in acqua?
Wo ist die Dusche?	Dov'è la doccia?
Wo ist die Umkleidekabine?	Dov'è lo spogliatoio?
Wo ist die Schwimmbrille?	Dove sono gli occhialini?
Ist das Wasser tief?	È fonda l'acqua?
Ist das Wasser sauber?	È pulita l'acqua?
Ist das Wasser warm?	È calda l'acqua?
Ich friere.	Ho freddo.
Das Wasser ist zu kalt.	L'acqua è troppo fredda.
Ich gehe jetzt aus dem Wasser.	Io ora esco dall'acqua.

51 [einundfünfzig]

Besorgungen machen

51 [cinquantuno]

Fare spese

Ich will in die Bibliothek.
Ich will in die Buchhandlung.
Ich will zum Kiosk.

Voglio andare in biblioteca.
Voglio andare in libreria.
Voglio andare all'edicola.

Ich will ein Buch leihen.
Ich will ein Buch kaufen.
Ich will eine Zeitung kaufen.

Voglio prendere in prestito un libro.
Voglio comprare un libro.
Voglio comprare un giornale.

Ich will in die Bibliothek, um ein Buch zu leihen.
Ich will in die Buchhandlung, um ein Buch zu kaufen.
Ich will zum Kiosk, um eine Zeitung zu kaufen.

Voglio andare in biblioteca per prendere in prestito un libro.
Voglio andare in libreria per comprare un libro.
Voglio andare all'edicola per comprare un giornale.

Ich will zum Optiker.
Ich will zum Supermarkt.
Ich will zum Bäcker.

Voglio andare dall'ottico.
Voglio andare al supermercato.
Voglio andare dal fornaio.

Ich will eine Brille kaufen.
Ich will Obst und Gemüse kaufen.
Ich will Brötchen und Brot kaufen.

Voglio comprare degli occhiali.
Voglio comprare frutta e verdura.
Voglio comprare panini e pane.

Ich will zum Optiker, um eine Brille zu kaufen.
Ich will zum Supermarkt, um Obst und Gemüse zu kaufen.
Ich will zum Bäcker, um Brötchen und Brot zu kaufen.

Voglio andare dall'ottico per comprare degli occhiali.
Voglio andare al supermercato per comprare frutta e verdura.
Voglio andare dal fornaio per comprare panini e pane.

52 [zweiundfünfzig]

Im Kaufhaus

Gehen wir in ein Kaufhaus?
Ich muss Einkäufe machen.
Ich will viel einkaufen.

Wo sind die Büroartikel?
Ich brauche Briefumschläge und Briefpapier.
Ich brauche Kulis und Filzstifte.

Wo sind die Möbel?
Ich brauche einen Schrank und eine Kommode.
Ich brauche einen Schreibtisch und ein Regal.

Wo sind die Spielsachen?
Ich brauche eine Puppe und einen Teddybär.
Ich brauche einen Fußball und ein Schachspiel.

Wo ist das Werkzeug?
Ich brauche einen Hammer und eine Zange.
Ich brauche einen Bohrer und einen Schraubenzieher.

Wo ist der Schmuck?
Ich brauche eine Kette und ein Armband.
Ich brauche einen Ring und Ohrringe.

52 [cinquantadue]

Al centro commerciale

Andiamo in un centro commerciale?
Devo fare spese.
Voglio fare molti acquisti.

Dove sono gli articoli da ufficio?
Ho bisogno di buste e carta da lettere.
Ho bisogno di penne e pennarelli.

Dove sono i mobili?
Ho bisogno di un armadio e di un comò.
Ho bisogno di una scrivania e di uno scaffale.

Dove sono i giocattoli?
Ho bisogno di una bambola e un orsacchiotto.
Ho bisogno di un pallone e degli scacchi.

Dov'è sono gli attrezzi?/ Dove sono gli utensili?
Ho bisogno di un martello e di pinze.
Ho bisogno di un trapano e di un cacciavite.

Dov'è la gioielleria?
Ho bisogno di una collana e di un braccialetto.
Ho bisogno di un anello e di orecchini.

53 [dreiundfünfzig]

Geschäfte

53 [cinquantatré]

Negozi

Wir suchen ein Sportgeschäft.
Wir suchen eine Fleischerei.
Wir suchen eine Apotheke.

Cerchiamo un negozio di articoli sportivi.
Cerchiamo una macelleria.
Cerchiamo una farmacia.

Wir möchten nämlich einen Fußball kaufen.
Wir möchten nämlich Salami kaufen.
Wir möchten nämlich Medikamente kaufen.

Infatti vogliamo comprare un pallone.
Infatti vogliamo comprare del salame.
Infatti vogliamo comprare delle medicine.

Wir suchen ein Sportgeschäft, um einen Fußball zu kaufen.
Wir suchen eine Fleischerei, um Salami zu kaufen.
Wir suchen eine Apotheke, um Medikamente zu kaufen.

Cerchiamo un negozio di articoli sportivi per comprare un pallone.
Cerchiamo una macelleria per comprare del salame.
Cerchiamo una farmacia per comprare delle medicine.

Ich suche einen Juwelier.
Ich suche ein Fotogeschäft.
Ich suche eine Konditorei.

Cerco una gioielleria.
Cerco un fotografo.
Cerco una pasticceria.

Ich habe nämlich vor, einen Ring zu kaufen.
Ich habe nämlich vor, einen Film zu kaufen.
Ich habe nämlich vor, eine Torte zu kaufen.

Infatti ho intenzione di comprare un anello.
Infatti ho intenzione di comprare un rullino.
Infatti ho intenzione di comprare una torta.

Ich suche einen Juwelier, um einen Ring zu kaufen.
Ich suche ein Fotogeschäft, um einen Film zu kaufen.
Ich suche eine Konditorei, um eine Torte zu kaufen.

Cerco una gioielleria per comprare un anello.
Cerco un fotografo per comprare un rullino.
Cerco una pasticceria per comprare una torta.

54 [vierundfünfzig]

Einkaufen

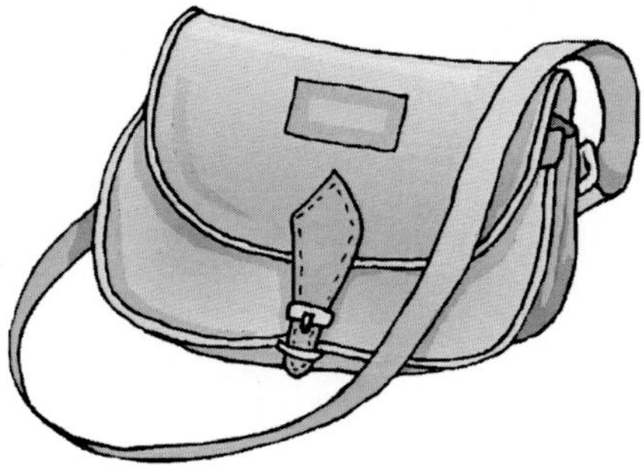

54 [cinquantaquattro]

Fare spese

Ich möchte ein Geschenk kaufen.
Aber nichts allzu Teueres.
Vielleicht eine Handtasche?

Vorrei comprare un regalo.
Ma niente di troppo caro.
Forse una borsetta?

Welche Farbe möchten Sie?
Schwarz, braun oder weiß?
Eine große oder eine kleine?

Di che colore?
Nera, marrone o bianca?
Una grande o una piccola?

Darf ich diese mal sehen?
Ist die aus Leder?
Oder ist die aus Kunststoff?

Posso vedere un po' questa?
È di pelle?
O è di materiale sintetico?

Aus Leder natürlich.
Das ist eine besonders gute Qualität.
Und die Handtasche ist wirklich sehr preiswert.

Di pelle naturalmente.
Questa è di ottima qualità.
E la borsetta è veramente a un buon prezzo.

Die gefällt mir.
Die nehme ich.
Kann ich die eventuell umtauschen?

Questa mi piace.
La prendo.
Posso cambiarla eventualmente?

Selbstverständlich.
Wir packen sie als Geschenk ein.
Dort drüben ist die Kasse.

Naturalmente.
Facciamo un pacco regalo.
La cassa è da quella parte.

55 [fünfundfünfzig]

Arbeiten

55 [cinquantacinque]

Lavorare

Was machen Sie beruflich?
Mein Mann ist Arzt von Beruf.
Ich arbeite halbtags als Krankenschwester.

Che lavoro fa?
Mio marito è medico.
Lavoro come infermiera part-time.

Bald bekommen wir Rente.
Aber die Steuern sind hoch.
Und die Krankenversicherung ist hoch.

Presto andremo in pensione.
Ma le tasse sono alte.
E l'assicurazione (contro le malattie) è costosa.

Was willst du einmal werden?
Ich möchte Ingenieur werden.
Ich will an der Universität studieren.

Cosa vorresti fare?
Io vorrei diventare ingegnere.
Io voglio studiare all'università.

Ich bin Praktikant.
Ich verdiene nicht viel.
Ich mache ein Praktikum im Ausland.

Io sono praticante.
Non guadagno molto.
Faccio un tirocinio all'estero.

Das ist mein Chef.
Ich habe nette Kollegen.
Mittags gehen wir immer in die Kantine.

Questo è il mio capo.
Ho dei colleghi gentili/simpatici.
A mezzogiorno andiamo sempre in mensa.

Ich suche eine Stelle.
Ich bin schon ein Jahr arbeitslos.
In diesem Land gibt es zu viele Arbeitslose.

Cerco un (posto di)lavoro.
Sono disoccupato da un anno ormai.
In questo paese ci sono troppi disoccupati.

56 [sechsundfünfzig]

Gefühle

56 [cinquantasei]

Sentimenti

Lust haben	aver voglia di
Wir haben Lust.	Abbiamo voglia.
Wir haben keine Lust.	Non abbiamo voglia.
Angst haben	aver paura
Ich habe Angst.	Ho paura.
Ich habe keine Angst.	Non ho paura.
Zeit haben	aver tempo
Er hat Zeit.	Lui ha tempo.
Er hat keine Zeit.	Lui non ha tempo.
Langeweile haben	annoiarsi
Sie hat Langeweile.	Lei si annoia.
Sie hat keine Langeweile.	Lei non si annoia.
Hunger haben	aver fame
Habt ihr Hunger?	Avete fame?
Habt ihr keinen Hunger?	Non avete fame?
Durst haben	aver sete
Sie haben Durst.	Loro hanno sete.
Sie haben keinen Durst.	Loro non hanno sete.

57 [siebenundfünfzig]

Beim Arzt

57 [cinquantasette]

Dal dottore

Ich habe einen Termin beim Arzt.	Ho un appuntamento dal dottore.
Ich habe den Termin um zehn Uhr.	Ho l'appuntamento alle dieci.
Wie ist Ihr Name?	Come si chiama?
Bitte nehmen Sie im Wartezimmer Platz.	Per cortesia, si accomodi nella sala d'attesa.
Der Arzt kommt gleich.	Il dottore arriva subito.
Wo sind Sie versichert?	Che assicurazione ha?
Was kann ich für Sie tun?	Che cosa posso fare per Lei?
Haben Sie Schmerzen?	Prova dei dolori?
Wo tut es weh?	Dove Le fa male?
Ich habe immer Rückenschmerzen.	Ho sempre dolori alla schiena / mal di schiena.
Ich habe oft Kopfschmerzen.	Ho spesso mal di testa.
Ich habe manchmal Bauchschmerzen.	Qualche volta ho mal di pancia.
Machen Sie bitte den Oberkörper frei!	Per favore, si metta a torso nudo!
Legen Sie sich bitte auf die Liege!	Si sdrai sul lettino per cortesia!
Der Blutdruck ist in Ordnung.	La pressione è a posto.
Ich gebe Ihnen eine Spritze.	Le faccio un'iniezione.
Ich gebe Ihnen Tabletten.	Le prescrivo delle medicine.
Ich gebe Ihnen ein Rezept für die Apotheke.	Le prescrivo una ricetta per la farmacia.

58 [achtundfünfzig]

Körperteile

58 [cinquantotto]

Parti del corpo

Ich zeichne einen Mann.
Zuerst den Kopf.
Der Mann trägt einen Hut.

Io disegno un uomo.
Prima la testa.
L'uomo indossa un cappello.

Die Haare sieht man nicht.
Die Ohren sieht man auch nicht.
Den Rücken sieht man auch nicht.

Non si vedono i capelli.
Non si vedono neanche le orecchie.
Non si vede neanche la schiena.

Ich zeichne die Augen und den Mund.
Der Mann tanzt und lacht.
Der Mann hat eine lange Nase.

Io disegno gli occhi e la bocca.
L'uomo balla e ride.
L'uomo ha il naso lungo.

Er trägt einen Stock in den Händen.
Er trägt auch einen Schal um den Hals.
Es ist Winter und es ist kalt.

Lui ha in mano un bastone.
Lui indossa anche una sciarpa intorno al collo.
È inverno e fa freddo.

Die Arme sind kräftig.
Die Beine sind auch kräftig.
Der Mann ist aus Schnee.

Le braccia sono robuste.
Anche le gambe sono robuste.
L'uomo è fatto di neve.

Er trägt keine Hose und keinen Mantel.
Aber der Mann friert nicht.
Er ist ein Schneemann.

Non indossa né pantaloni né cappotto/soprabito.
Ma l'uomo non ha freddo.
È un pupazzo di neve.

59 [neunundfünfzig]

Im Postamt

59 [cinquantanove]

Alle poste

Wo ist das nächste Postamt?
Ist es weit bis zum nächsten Postamt?
Wo ist der nächste Briefkasten?

Dov'è la posta più vicina?
È lontana la posta?
Dov'è la prossima buca delle lettere?

Ich brauche ein paar Briefmarken.
Für eine Karte und einen Brief.
Wie teuer ist das Porto nach Amerika?

Mi occorrono alcuni francobolli.
Per una cartolina ed una lettera.
Quanto costa un francobollo per l'America?

Wie schwer ist das Paket?
Kann ich es per Luftpost schicken?
Wie lange dauert es, bis es ankommt?

Quanto pesa questo pacco?
Posso spedirlo per posta aerea?
Quanto ci mette ad arrivare?

Wo kann ich telefonieren?
Wo ist die nächste Telefonzelle?
Haben Sie Telefonkarten?

Dove posso telefonare?
Dov'è la prossima cabina telefonica?
Ha carte telefoniche?

Haben Sie ein Telefonbuch?
Kennen Sie die Vorwahl von Österreich?
Einen Augenblick, ich schau mal nach.

Ha un elenco telefonico?
Sa il prefisso per l'Austria?
Un momento che guardo.

Die Leitung ist immer besetzt.
Welche Nummer haben Sie gewählt?
Sie müssen zuerst die Null wählen!

La linea è sempre occupata.
Che numero ha fatto?
Deve fare prima lo zero!

60 [sechzig]

In der Bank

60 [sessanta]

In banca

Ich möchte ein Konto eröffnen.
Hier ist mein Pass.
Und hier ist meine Adresse.

Vorrei aprire un conto.
Ecco il mio passaporto.
Ed ecco il mio indirizzo.

Ich möchte Geld auf mein Konto einzahlen.
Ich möchte Geld von meinem Konto abheben.
Ich möchte die Kontoauszüge abholen.

Vorrei fare un versamento sul mio conto.
Vorrei fare un prelievo dal mio conto.
Vorrei ritirare l'estratto conto.

Ich möchte einen Reisescheck einlösen.
Wie hoch sind die Gebühren?
Wo muss ich unterschreiben?

Vorrei incassare un assegno / travel check.
Quant'è la tariffa?
Dove devo firmare?

Ich erwarte eine Überweisung aus Deutschland.
Hier ist meine Kontonummer.
Ist das Geld angekommen?

Sto aspettando un bonifico dalla Germania.
Ecco il mio numero di conto.
Sono arrivati i soldi?

Ich möchte dieses Geld wechseln.
Ich brauche US-Dollar.
Bitte geben Sie mir kleine Scheine.

Vorrei cambiare questi soldi.
Mi occorrono dollari USA.
Per favore mi dia banconote di piccolo taglio.

Gibt es hier einen Geldautomat?
Wie viel Geld kann man abheben?
Welche Kreditkarten kann man benutzen?

C'è un bancomat qui?
Quale somma si può prelevare?
Quali carte di credito si accettano?

61 [einundsechzig]

Ordinalzahlen

61 [sessantuno]

Numeri ordinali

Der erste Monat ist der Januar.
Der zweite Monat ist der Februar.
Der dritte Monat ist der März.

Il primo mese è gennaio.
Il secondo mese è febbraio.
Il terzo mese è marzo.

Der vierte Monat ist der April.
Der fünfte Monat ist der Mai.
Der sechste Monat ist der Juni.

Il quarto mese è aprile.
Il quinto mese è maggio.
Il sesto mese è giugno.

Sechs Monate sind ein halbes Jahr.
Januar, Februar, März,
April, Mai und Juni.

Sei mesi sono mezzo anno.
Gennaio, febbraio, marzo,
aprile, maggio e giugno.

Der siebte Monat ist der Juli.
Der achte Monat ist der August.
Der neunte Monat ist der September.

Il settimo mese è luglio.
L'ottavo mese è agosto.
Il nono mese è settembre.

Der zehnte Monat ist der Oktober.
Der elfte Monat ist der November.
Der zwölfte Monat ist der Dezember.

Il decimo mese è ottobre.
L'undicesimo mese è novembre.
Il dodicesimo mese è dicembre.

Zwölf Monate sind ein Jahr.
Juli, August, September,
Oktober, November und Dezember.

Un anno ha dodici mesi.
Luglio, agosto, settembre,
ottobre, novembre e dicembre.

62 [zweiundsechzig]

Fragen stellen 1

lernen
Lernen die Schüler viel?
Nein, sie lernen wenig.

fragen
Fragen Sie oft den Lehrer?
Nein, ich frage ihn nicht oft.

antworten
Antworten Sie, bitte.
Ich antworte.

arbeiten
Arbeitet er gerade?
Ja, er arbeitet gerade.

kommen
Kommen Sie?
Ja, wir kommen gleich.

wohnen
Wohnen Sie in Berlin?
Ja, ich wohne in Berlin.

62 [sessantadue]

Fare domande 1

Imparare / studiare.
Gli allievi studiano molto?
No, studiano poco.

Chiedere
Chiede spesso all'insegnante ?
No, non gli chiedo spesso.

Rispondere
Risponda, per favore.
Io rispondo.

lavorare
Lui sta lavorando ?
Sì, sta lavorando.

Venire
Viene?
Sì, vengo subito.

Abitare
Abita a Berlino ?
Sì, abito a Berlino.

63 [dreiundsechzig]

Fragen stellen 2

63 [sessantatré]

Fare domande 2

Ich habe ein Hobby.
Ich spiele Tennis.
Wo ist ein Tennisplatz?

Ho un hobby.
Gioco a tennis.
Dov'è il campo da tennis?

Hast du ein Hobby?
Ich spiele Fußball.
Wo ist ein Fußballplatz?

Hai un hobby?
Gioco a calcio.
Dov'è il campo da calcio?

Mein Arm tut weh.
Mein Fuß und meine Hand tun auch weh.
Wo ist ein Doktor?

Mi fa male il braccio.
Mi fanno male anche il piede e la mano.
C'è un dottore?

Ich habe ein Auto.
Ich habe auch ein Motorrad.
Wo ist ein Parkplatz?

Ho la macchina.
Io ho anche una moto.
Dove trovo un parcheggio?

Ich habe einen Pullover.
Ich habe auch eine Jacke und eine Jeans.
Wo ist die Waschmaschine?

Ho un maglione.
Io ho anche una giacca e un paio di jeans.
Dove trovo una lavatrice?

Ich habe einen Teller.
Ich habe ein Messer, eine Gabel und einen Löffel.
Wo sind Salz und Pfeffer?

Io ho un piatto.
Io ho un coltello, una forchetta e un cucchiaio.
Dove sono sale e pepe?

64 [vierundsechzig]

Verneinung 1

64 [sessantaquattro]

Negazione 1

Ich verstehe das Wort nicht.
Ich verstehe den Satz nicht.
Ich verstehe die Bedeutung nicht.

Non capisco questa parola.
Non capisco la frase.
Non capisco il significato.

der Lehrer
Verstehen Sie den Lehrer?
Ja, ich verstehe ihn gut.

L'insegnante
Capisce l'insegnante?
Sì, lo capisco bene.

die Lehrerin
Verstehen Sie die Lehrerin?
Ja, ich verstehe sie gut.

L'insegnante
Capisce l'insegnante ?
Sì, la capisco bene.

die Leute
Verstehen Sie die Leute?
Nein, ich verstehe sie nicht so gut.

La gente
Capisce la gente?
No, non la capisco molto bene.

die Freundin
Haben Sie eine Freundin?
Ja, ich habe eine.

L'amica / la ragazza
Ha un'amica / una ragazza?
Sì, ce l'ho.

die Tochter
Haben Sie eine Tochter?
Nein, ich habe keine.

La figlia
Ha una figlia?
No, non ne ho.

65 [fünfundsechzig]

Verneinung 2

65 [sessantacinque]

Negazione 2

Ist der Ring teuer?
Nein, er kostet nur hundert Euro.
Aber ich habe nur fünfzig.

È caro l'anello?
No, costa solo cento Euro.
Ma io ne ho solo cinquanta.

Bist du schon fertig?
Nein, noch nicht.
Aber gleich bin ich fertig.

Sei pronto?
No, non ancora.
Sono pronto fra un momento.

Möchtest du noch Suppe?
Nein, ich will keine mehr.
Aber noch ein Eis.

Vorresti ancora della minestra?
No, non ne voglio più.
Ma ancora un gelato.

Wohnst du schon lange hier?
Nein, erst einen Monat.
Aber ich kenne schon viele Leute.

Abiti qui da tanto tempo?
No, solo da un mese.
Ma conosco già molta gente.

Fährst du morgen nach Hause?
Nein, erst am Wochenende.
Aber ich komme schon am Sonntag zurück.

Vai a casa domani?
No, solo per il fine settimana.
Ma io ritorno già domenica.

Ist deine Tochter schon erwachsen?
Nein, sie ist erst siebzehn.
Aber sie hat schon einen Freund.

Tua figlia è già adulta?
No, ha appena diciassette anni.
Ma lei ha già un amico.

66 [sechsundsechzig]

Possessivpronomen 1

ich - mein
Ich finde meinen Schlüssel nicht.
Ich finde meine Fahrkarte nicht.

du - dein
Hast du deinen Schlüssel gefunden?
Hast du deine Fahrkarte gefunden?

er - sein
Weißt du, wo sein Schlüssel ist?
Weißt du, wo seine Fahrkarte ist?

sie - ihr
Ihr Geld ist weg.
Und ihre Kreditkarte ist auch weg.

wir - unser
Unser Opa ist krank.
Unsere Oma ist gesund.

ihr - euer
Kinder, wo ist euer Vati?
Kinder, wo ist eure Mutti?

66 [sessantasei]

Pronomi possessivi 1

io - il mio / la mia
Non trovo la mia chiave.
Non trovo il mio biglietto.

tu- il tuo/ la tua
Hai trovato la tua chiave?
Hai trovato il tuo biglietto?

lui - il suo / la sua
Sai dov'è la sua chiave?
Sai dov'è il suo biglietto?

lei - il suo / la sua
Il suo denaro è sparito.
E anche la sua carta di credito non c'è più.

noi - il nostro
Il nostro nonno è malato.
La nostra nonna sta bene.

voi - il vostro
Bambini, dov'è il vostro papà?
Bambini, dov'è la vostra mamma?

67 [siebenundsechzig]

Possessivpronomen 2

67 [sessantasette]

Pronomi possessivi 2

die Brille
Er hat seine Brille vergessen.
Wo hat er denn seine Brille?

gli occhiali
Lui ha dimenticato i suoi occhiali.
Ma dove sono i suoi occhiali?

die Uhr
Seine Uhr ist kaputt.
Die Uhr hängt an der Wand.

l'orologio
Il suo orologio è rotto.
L'orologio è appeso alla parete.

der Pass
Er hat seinen Pass verloren.
Wo hat er denn seinen Pass?

il passaporto
Lui ha perso il suo passaporto.
Ma dov'è il suo passaporto?

sie - ihr
Die Kinder können ihre Eltern nicht finden.
Aber da kommen ja ihre Eltern!

loro - il loro
I bambini non riescono a trovare i loro genitori.
Ma eccoli che vengono!

Sie - Ihr
Wie war Ihre Reise, Herr Müller?
Wo ist Ihre Frau, Herr Müller?

Lei - il Suo
Com'è stato il Suo viaggio, signor Müller?
Dov'è Sua moglie, signor Müller?

Sie - Ihr
Wie war Ihre Reise, Frau Schmidt?
Wo ist Ihr Mann, Frau Schmidt?

Lei - il Suo
Com'è stato il Suo viaggio, signora Schmidt?
Dov'è Suo marito, signora Schmidt?

groß - klein

Grande - piccolo

groß und klein	grande e piccolo
Der Elefant ist groß.	L'elefante è grande.
Die Maus ist klein.	Il topo è piccolo.
dunkel und hell	scuro e chiaro
Die Nacht ist dunkel.	La notte è scura.
Der Tag ist hell.	Il giorno è chiaro.
alt und jung	giovane e vecchio
Unser Großvater ist sehr alt.	Nostro nonno è molto anziano.
Vor 70 Jahren war er noch jung.	Settant'anni fa era ancora giovane.
schön und hässlich	bello e brutto.
Der Schmetterling ist schön.	La farfalla è bella.
Die Spinne ist hässlich.	Il ragno è brutto.
dick und dünn	grosso e magro
Eine Frau mit 100 Kilo ist dick.	Una donna di 100 chili è grassa.
Ein Mann mit 50 Kilo ist dünn.	Un uomo di 50 chili è magro.
teuer und billig	caro e non caro /costoso e non costoso
Das Auto ist teuer.	La macchina è cara / costosa.
Die Zeitung ist billig.	Il giornale non è caro /costoso.

69 [neunundsechzig]

brauchen - wollen

69 [sessantanove]

Aver bisogno - volere

Ich brauche ein Bett.
Ich will schlafen.
Gibt es hier ein Bett?

Ho bisogno di un letto.
Voglio dormire.
C'è un letto qui?

Ich brauche eine Lampe.
Ich will lesen.
Gibt es hier eine Lampe?

Ho bisogno di una lampada.
Voglio leggere.
C'è una lampada qui?

Ich brauche ein Telefon.
Ich will telefonieren.
Gibt es hier ein Telefon?

Ho bisogno di un telefono.
Voglio fare una chiamata.
C'è un telefono qui?

Ich brauche eine Kamera.
Ich will fotografieren.
Gibt es hier eine Kamera?

Ho bisogno di una macchina fotografica.
Voglio fotografare.
C'è una macchina fotografica qui?

Ich brauche einen Computer.
Ich will eine E-Mail schicken.
Gibt es hier einen Computer?

Ho bisogno di un computer.
Voglio mandare un E-mail.
C'è un computer qui?

Ich brauche einen Kuli.
Ich will etwas schreiben.
Gibt es hier ein Blatt Papier und einen Kuli?

Ho bisogno di una penna.
Voglio scrivere qualcosa.
Ci sono un foglio di carta e una penna qui?

70 [siebzig]

etwas *mögen*

70 [settanta]

***Aver voglia di* qualcosa**

Möchten Sie rauchen?
Möchten Sie tanzen?
Möchten Sie spazieren gehen?

Ich möchte rauchen.
Möchtest du eine Zigarette?
Er möchte Feuer.

Ich möchte etwas trinken.
Ich möchte etwas essen.
Ich möchte mich etwas ausruhen.

Ich möchte Sie etwas fragen.
Ich möchte Sie um etwas bitten.
Ich möchte Sie zu etwas einladen.

Was möchten Sie bitte?
Möchten Sie einen Kaffee?
Oder möchten Sie lieber einen Tee?

Wir möchten nach Hause fahren.
Möchtet ihr ein Taxi?
Sie möchten telefonieren.

Le va di fumare?
Le va di ballare?
Le va di fare una passeggiata?

Vorrei fumare.
Vuoi una sigaretta?
Lui vorrebbe accendere (una sigaretta).

Vorrei bere qualcosa.
Vorrei mangiare qualcosa.
Vorrei riposarmi un po'.

Vorrei chiederLe una cosa.
Vorrei chiederLe un favore.
Vorrei offrirLe qualcosa.

Desidera, prego?
Gradisce un caffè?
O preferisce un tè?

Vorremmo andare a casa.
Vorreste un tassì?
Loro vorrebbero telefonare.

71 [einundsiebzig]

etwas *wollen*

71 [settantuno]

***Voler* qualcosa**

Was wollt ihr?
Wollt ihr Fußball spielen?
Wollt ihr Freunde besuchen?

Che cosa volete?
Volete giocare a pallone?
Volete andare a trovare degli amici?

wollen
Ich will nicht spät kommen.
Ich will nicht hingehen.

volere
Non voglio arrivare in ritardo.
Non voglio andarci.

Ich will nach Hause gehen.
Ich will zu Hause bleiben.
Ich will allein sein.

Voglio andare a casa.
Voglio restare a casa.
Voglio essere solo.

Willst du hier bleiben?
Willst du hier essen?
Willst du hier schlafen?

Vuoi restare qui?
Vuoi mangiare qui?
Vuoi dormire qui?

Wollen Sie morgen abfahren?
Wollen Sie bis morgen bleiben?
Wollen Sie die Rechnung erst morgen bezahlen?

Vuole partire domani?
Vuole restare fino a domani?
Vuole pagare il conto solo domani?

Wollt ihr in die Disko?
Wollt ihr ins Kino?
Wollt ihr ins Café?

Volete andare in discoteca?
Volete andare al cinema?
Volete andare al bar?

etwas *müssen*

Dover fare qualcosa

müssen	dovere
Ich muss den Brief verschicken.	Devo spedire la lettera.
Ich muss das Hotel bezahlen.	Devo pagare l'albergo.
Du musst früh aufstehen.	Devi alzarti presto.
Du musst viel arbeiten.	Devi lavorare molto.
Du musst pünktlich sein.	Devi essere puntuale.
Er muss tanken.	Lui deve fare benzina.
Er muss das Auto reparieren.	Lui deve aggiustare la macchina.
Er muss das Auto waschen.	Lui deve lavare la macchina.
Sie muss einkaufen.	Lei deve fare la spesa.
Sie muss die Wohnung putzen.	Lei deve pulire la casa.
Sie muss die Wäsche waschen.	Lei deve lavare la biancheria.
Wir müssen gleich zur Schule gehen.	Dobbiamo andare subito a scuola.
Wir müssen gleich zur Arbeit gehen.	Dobbiamo andare subito al lavoro.
Wir müssen gleich zum Arzt gehen.	Dobbiamo andare subito dal medico.
Ihr müsst auf den Bus warten.	Dovete aspettare l'autobus.
Ihr müsst auf den Zug warten.	Dovete aspettare il treno.
Ihr müsst auf das Taxi warten.	Dovete aspettare il tassì.

73 [dreiundsiebzig]

etwas *dürfen*

73 [settantatré]

Potere

Darfst du schon Auto fahren?
Darfst du schon Alkohol trinken?
Darfst du schon allein ins Ausland fahren?

Puoi già guidare?
Puoi già bere alcol?
Puoi già andare all'estero da solo?

dürfen
Dürfen wir hier rauchen?
Darf man hier rauchen?

potere / essere permesso
Possiamo fumare qui?
E permesso fumare qui?

Darf man mit Kreditkarte bezahlen?
Darf man mit Scheck bezahlen?
Darf man nur bar bezahlen?

Si può pagare con la carta di credito?
Si può pagare con un assegno?
Si può pagare solo in contanti?

Darf ich mal eben telefonieren?
Darf ich mal eben etwas fragen?
Darf ich mal eben etwas sagen?

Posso telefonare un momento?
Posso chiedere qualcosa?
Posso dire qualcosa?

Er darf nicht im Park schlafen.
Er darf nicht im Auto schlafen.
Er darf nicht im Bahnhof schlafen.

Non può dormire al parco.
Non può dormire in auto/macchina.
Non può dormire in stazione.

Dürfen wir Platz nehmen?
Dürfen wir die Speisekarte haben?
Dürfen wir getrennt zahlen?

Possiamo sederci?
Possiamo avere il menu?
Possiamo pagare separatamente?

74 [vierundsiebzig]

um etwas *bitten*

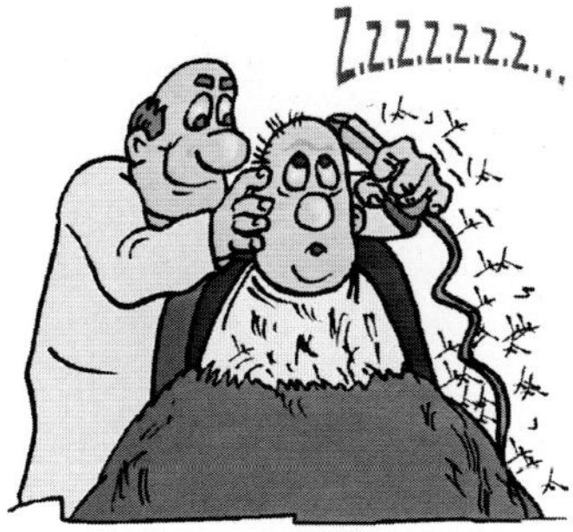

74 [settantaquattro]

***Chiedere* qualcosa**

Können Sie mir die Haare schneiden?
Nicht zu kurz, bitte.
Etwas kürzer, bitte.

Mi può tagliare i capelli?
Non troppo corti, per favore.
Un po' più corti, per favore.

Können Sie die Bilder entwickeln?
Die Fotos sind auf der CD.
Die Fotos sind in der Kamera.

Può sviluppare le foto?
Le foto sono nel CD.
Le foto sono nella macchina fotografica.

Können Sie die Uhr reparieren?
Das Glas ist kaputt.
Die Batterie ist leer.

Può aggiustare l'orologio?
Il vetro è rotto.
La batteria è scarica.

Können Sie das Hemd bügeln?
Können Sie die Hose reinigen?
Können Sie die Schuhe reparieren?

Può stirare la camicia?
Può pulire i pantaloni?
Può aggiustare le scarpe?

Können Sie mir Feuer geben?
Haben Sie Streichhölzer oder ein Feuerzeug?
Haben Sie einen Aschenbecher?

Ha da accendere?
Ha dei fiammiferi o un accendino?
Ha un portacenere?

Rauchen Sie Zigarren?
Rauchen Sie Zigaretten?
Rauchen Sie Pfeife?

Fuma sigari?
Fuma sigarette?
Fuma la pipa?

75 [fünfundsiebzig]

etwas *begründen* 1

75 [settantacinque]

***Giustificare* qualcosa 1**

Warum kommen Sie nicht?
Das Wetter ist so schlecht.
Ich komme nicht, weil das Wetter so schlecht ist.

Perché non viene?
Il tempo è così brutto.
Non vengo perché il tempo è così brutto.

Warum kommt er nicht?
Er ist nicht eingeladen.
Er kommt nicht, weil er nicht eingeladen ist.

Perché non viene?
Non è invitato.
Non viene perché non è invitato.

Warum kommst du nicht?
Ich habe keine Zeit.
Ich komme nicht, weil ich keine Zeit habe.

Perché non vieni?
Non ho tempo.
Non vengo perché non ho tempo.

Warum bleibst du nicht?
Ich muss noch arbeiten.
Ich bleibe nicht, weil ich noch arbeiten muss.

Perché non resti?
Devo ancora lavorare.
Non resto perché devo lavorare ancora.

Warum gehen Sie schon?
Ich bin müde.
Ich gehe, weil ich müde bin.

Perché già se ne va?
Sono stanco.
Me ne vado perché sono stanco.

Warum fahren Sie schon?
Es ist schon spät.
Ich fahre, weil es schon spät ist.

Perché parte già?
È già tardi.
Parto perché è già tardi.

76 [sechsundsiebzig]

etwas *begründen* 2

76 [settantasei]

***Giustificare* qualcosa 2**

Warum bist du nicht gekommen?
Ich war krank.
Ich bin nicht gekommen, weil ich krank war.

Perché non sei venuto?
Ero malato.
Non sono venuto perché ero malato.

Warum ist sie nicht gekommen?
Sie war müde.
Sie ist nicht gekommen, weil sie müde war.

Perché lei non è venuta?
Era stanca.
Lei non è venuta perché era stanca.

Warum ist er nicht gekommen?
Er hatte keine Lust.
Er ist nicht gekommen, weil er keine Lust hatte.

Perché non è venuto?
Non ne aveva voglia.
Non è venuto perché non ne aveva voglia.

Warum seid ihr nicht gekommen?
Unser Auto ist kaputt.
Wir sind nicht gekommen, weil unser Auto kaputt ist.

Perché non siete venuti?
La nostra macchina è rotta.
Non siamo venuti perché la nostra macchina è rotta.

Warum sind die Leute nicht gekommen?
Sie haben den Zug verpasst.
Sie sind nicht gekommen, weil sie den Zug verpasst haben.

Perché non sono venuti?
Hanno perso il treno.
Non sono venuti perché hanno perso il treno.

Warum bist du nicht gekommen?
Ich durfte nicht.
Ich bin nicht gekommen, weil ich nicht durfte.

Perché non sei venuto?
Non potevo.
Non sono venuto perché non potevo.

77 [siebenundsiebzig]

etwas *begründen* 3

77 [settantasette]

***Giustificare* qualcosa 3**

Warum essen Sie die Torte nicht?
Ich muss abnehmen.
Ich esse sie nicht, weil ich abnehmen muss.

Perché non mangia la torta?
Devo dimagrire.
Non la mangio perché devo dimagrire.

Warum trinken Sie das Bier nicht?
Ich muss noch fahren.
Ich trinke es nicht, weil ich noch fahren muss.

Perché non beve la birra?
Devo guidare.
Non la bevo perché devo guidare.

Warum trinkst du den Kaffee nicht?
Er ist kalt.
Ich trinke ihn nicht, weil er kalt ist.

Perché non bevi il caffè?
È freddo.
Non lo bevo perché è freddo.

Warum trinkst du den Tee nicht?
Ich habe keinen Zucker.
Ich trinke ihn nicht, weil ich keinen Zucker habe.

Perché non bevi il tè?
Non ho zucchero.
Non lo bevo perché non ho zucchero.

Warum essen Sie die Suppe nicht?
Ich habe sie nicht bestellt.
Ich esse sie nicht, weil ich sie nicht bestellt habe.

Perché non mangia la minestra?
Non l'ho ordinata.
Non la mangio perché non l'ho ordinata.

Warum essen Sie das Fleisch nicht?
Ich bin Vegetarier.
Ich esse es nicht, weil ich Vegetarier bin.

Perché non mangia la carne?
Sono vegetariano.
Non la mangio perché sono vegetariano.

Adjektive 1

Aggettivi 1

eine alte Frau	una donna anziana
eine dicke Frau	una donna grassa
eine neugierige Frau	una donna curiosa
ein neuer Wagen	una macchina nuova
ein schneller Wagen	una macchina veloce
ein bequemer Wagen	una macchina comoda
ein blaues Kleid	un vestito azzurro
ein rotes Kleid	un vestito rosso
ein grünes Kleid	un vestito verde
eine schwarze Tasche	una borsa nera
eine braune Tasche	una borsa marrone
eine weiße Tasche	una borsa bianca
nette Leute	gente carina / persone carine
höfliche Leute	gente gentile / persone gentili
interessante Leute	gente interessante / persone interessanti
liebe Kinder	bambini cari
freche Kinder	bambini impertinenti
brave Kinder	bambini bravi

79 [neunundsiebzig]

Adjektive 2

79 [settantanove]

Aggettivi 2

Ich habe ein blaues Kleid an.
Ich habe ein rotes Kleid an.
Ich habe ein grünes Kleid an.

Indosso un abito azzurro.
Indosso un abito rosso.
Indosso un abito verde.

Ich kaufe eine schwarze Tasche.
Ich kaufe eine braune Tasche.
Ich kaufe eine weiße Tasche.

Compro una borsa nera.
Compro una borsa marrone.
Compro una borsa bianca.

Ich brauche einen neuen Wagen.
Ich brauche einen schnellen Wagen.
Ich brauche einen bequemen Wagen.

Ho bisogno di una macchina nuova.
Ho bisogno di una macchina veloce.
Ho bisogno di una macchina comoda.

Da oben wohnt eine alte Frau.
Da oben wohnt eine dicke Frau.
Da unten wohnt eine neugierige Frau.

Lassù abita una donna anziana.
Lassù abita una donna grassa.
Laggiù abita una donna curiosa.

Unsere Gäste waren nette Leute.
Unsere Gäste waren höfliche Leute.
Unsere Gäste waren interessante Leute.

I nostri ospiti erano carini.
I nostri ospiti erano gentili.
I nostri ospiti erano interessanti.

Ich habe liebe Kinder.
Aber die Nachbarn haben freche Kinder.
Sind Ihre Kinder brav?

Ho dei cari bambini.
Ma i vicini hanno dei bambini impertinenti.
Sono buoni i Suoi bambini?

80 [achtzig]

Adjektive 3

80 [ottanta]

Aggettivi 3

Sie hat einen Hund. Der Hund ist groß. Sie hat einen großen Hund.	Lei ha un cane. Il cane è grande. Lei ha un cane grande.
Sie hat ein Haus. Das Haus ist klein. Sie hat ein kleines Haus.	Lei ha una casa. La casa è piccola. Lei ha una casa piccola.
Er wohnt in einem Hotel. Das Hotel ist billig. Er wohnt in einem billigen Hotel.	Lui abita in un albergo. L'albergo è a buon mercato. Lui abita in un albergo economico.
Er hat ein Auto. Das Auto ist teuer. Er hat ein teures Auto.	Lui ha una macchina. La macchina è cara. Lui ha una macchina costosa.
Er liest einen Roman. Der Roman ist langweilig. Er liest einen langweiligen Roman.	Lui legge un romanzo. Il romanzo è noioso. Lui legge un romanzo noioso.
Sie sieht einen Film. Der Film ist spannend. Sie sieht einen spannenden Film.	Lei guarda un film. Il film è avvincente. Lei guarda un film avvincente.

81 [einundachtzig]

Vergangenheit 1

81 [ottantuno]

Passato 1

schreiben
Er schrieb einen Brief.
Und sie schrieb eine Karte.

lesen
Er las eine Illustrierte.
Und sie las ein Buch.

nehmen
Er nahm eine Zigarette.
Sie nahm ein Stück Schokolade.

Er war untreu, aber sie war treu.
Er war faul, aber sie war fleißig.
Er war arm, aber sie war reich.

Er hatte kein Geld, sondern Schulden.
Er hatte kein Glück, sondern Pech.
Er hatte keinen Erfolg, sondern Misserfolg.

Er war nicht zufrieden, sondern unzufrieden.
Er war nicht glücklich, sondern unglücklich.
Er war nicht sympathisch, sondern unsympathisch.

scrivere
Lui ha Scritto una lettera.
E lei ha scritto una cartolina.

leggere
Lui ha letto una rivista.
E lei ha letto un libro.

prendere
Lui ha preso un sigaretta.
Lei ha preso un pezzo di cioccolato.

Lui era infedele, ma lei era fedele.
Lui era pigro, ma lei era attiva.
Lui era povero, ma lei era ricca.

Lui non aveva soldi, ma debiti.
Lui non aveva fortuna, ma sfortuna.
Lui non aveva successo, ma insuccesso.

Lui non era contento, ma scontento.
Lui non era felice, ma infelice.
Lui non era simpatico, ma antipatico.

Vergangenheit 2

Passato 2

Musstest du einen Krankenwagen rufen?
Musstest du den Arzt rufen?
Musstest du die Polizei rufen?

Haben Sie die Telefonnummer? Gerade hatte ich sie noch.
Haben Sie die Adresse? Gerade hatte ich sie noch.
Haben Sie den Stadtplan? Gerade hatte ich ihn noch.

Kam er pünktlich? Er konnte nicht pünktlich kommen.
Fand er den Weg? Er konnte den Weg nicht finden.
Verstand er dich? Er konnte mich nicht verstehen.

Warum konntest du nicht pünktlich kommen?
Warum konntest du den Weg nicht finden?
Warum konntest du ihn nicht verstehen?

Ich konnte nicht pünktlich kommen, weil kein Bus fuhr.

Ich konnte den Weg nicht finden, weil ich keinen Stadtplan hatte.

Ich konnte ihn nicht verstehen, weil die Musik so laut war.

Ich musste ein Taxi nehmen.
Ich musste einen Stadtplan kaufen.
Ich musste das Radio ausschalten.

Hai dovuto chiamare l'ambulanza?
Hai dovuto chiamare il medico?
Hai dovuto chiamare la polizia?

Ha il numero di telefono? Un momento fa ce l'avevo.
Ha l'indirizzo? Un momento fa ce l'avevo.
Ha la pianta della città? Un momento fa ce l'avevo.

È stato puntuale? Non è riuscito ad essere puntuale.
Ha trovato la strada? Non riusciva a trovare la strada.
Ti capiva? Non riusciva a capirmi.

Perché non sei riuscito ad arrivare puntualmente?
Perché non riuscivi a trovare la strada?
Perché non riuscivi a capirlo?

Non sono riuscito ad arrivare puntualmente, perché l'autobus non veniva.

Non sono riuscito a trovare la strada, perché non avevo la pianta della città.

Non sono riuscito a capirlo, perché la musica era troppo alta.

Ho dovuto prendere un tassi.
Ho dovuto comprare una pianta della città.
Ho dovuto spegnere la radio.

83 [dreiundachtzig]

Vergangenheit 3

83 [ottantatré]

Passato 3

telefonieren
Ich habe telefoniert.
Ich habe die ganze Zeit telefoniert.

telefonare
Ho telefonato.
Ho telefonato per tutto il tempo.

fragen
Ich habe gefragt.
Ich habe immer gefragt.

chiedere
Ho chiesto.
Ho sempre chiesto.

erzählen
Ich habe erzählt.
Ich habe die ganze Geschichte erzählt.

raccontare
Ho raccontato.
Ho raccontato tutta la storia.

lernen
Ich habe gelernt.
Ich habe den ganzen Abend gelernt.

studiare
Ho studiato.
Ho studiato tutta la sera.

arbeiten
Ich habe gearbeitet.
Ich habe den ganzen Tag gearbeitet.

lavorare
Ho lavorato.
Ho lavorato tutto il giorno.

essen
Ich habe gegessen.
Ich habe das ganze Essen gegessen.

mangiare
Ho mangiato.
Ho mangiato tutto.

Vergangenheit 4

Passato 4

lesen
Ich habe gelesen.
Ich habe den ganzen Roman gelesen.

leggere
Ho letto.
Ho letto tutto il romanzo.

verstehen
Ich habe verstanden.
Ich habe den ganzen Text verstanden.

capire
Ho capito.
Ho capito tutto il testo.

antworten
Ich habe geantwortet.
Ich habe auf alle Fragen geantwortet.

rispondere
Ho risposto.
Ho risposto a tutte le domande.

Ich weiß das - ich habe das gewusst.
Ich schreibe das - ich habe das geschrieben.
Ich höre das - ich habe das gehört.

Lo so. - Lo sapevo.
Lo scrivo. - L'ho scritto.
Lo sento. - L'ho sentito.

Ich hole das - ich habe das geholt.
Ich bringe das - ich habe das gebracht.
Ich kaufe das - ich habe das gekauft.

Vado a prenderlo. - Sono andato a prenderlo.
Lo porto. - L'ho portato.
Lo compro. - L'ho comprato.

Ich erwarte das - ich habe das erwartet.
Ich erkläre das - ich habe das erklärt.
Ich kenne das - ich habe das gekannt.

Me lo aspetto. - Me lo aspettavo.
Lo spiego. - L'ho spiegato.
Non mi è nuovo / lo so. - Lo sapevo.

85 [fünfundachtzig]

Fragen - Vergangenheit 1

85 [ottantacinque]

Domande - Passato 1

Wie viel haben Sie getrunken?	Quanto ha bevuto?
Wie viel haben Sie gearbeitet?	Quanto ha lavorato?
Wie viel haben Sie geschrieben?	Quanto ha scritto?
Wie haben Sie geschlafen?	Come ha dormito?
Wie haben Sie die Prüfung bestanden?	Come ha fatto a superare l'esame?
Wie haben Sie den Weg gefunden?	Come ha fatto a trovare la strada?
Mit wem haben Sie gesprochen?	Con chi ha parlato?
Mit wem haben Sie sich verabredet?	Con chi ha preso appuntamento?
Mit wem haben Sie Geburtstag gefeiert?	Con chi ha festeggiato il compleanno?
Wo sind Sie gewesen?	Dov'è stato?
Wo haben Sie gewohnt?	Dove ha abitato?
Wo haben Sie gearbeitet?	Dove ha lavorato?
Was haben Sie empfohlen?	Che cosa ha consigliato?
Was haben Sie gegessen?	Che cosa ha mangiato?
Was haben Sie erfahren?	Che cosa è venuto a sapere?
Wie schnell sind Sie gefahren?	A che velocità è andato?
Wie lange sind Sie geflogen?	Quanto è durato il volo?
Wie hoch sind Sie gesprungen?	Fino a che altezza è saltato?

86 [sechsundachtzig]

Fragen - Vergangenheit 2

86 [ottantasei]

Domande - Passato 2

Welche Krawatte hast du getragen?	Che cravatta hai indossato?
Welches Auto hast du gekauft?	Che macchina hai comprato?
Welche Zeitung hast du abonniert?	A che giornale ti sei abbonato?
Wen haben Sie gesehen?	Chi ha visto?
Wen haben Sie getroffen?	Chi ha incontrato?
Wen haben Sie erkannt?	Chi ha riconosciuto?
Wann sind Sie aufgestanden?	Quando si è alzato?
Wann haben Sie begonnen?	Quando ha cominciato?
Wann haben Sie aufgehört?	Quando ha finito?
Warum sind Sie aufgewacht?	Perché si è svegliato?
Warum sind Sie Lehrer geworden?	Perché è diventato insegnante?
Warum haben Sie ein Taxi genommen?	Perché ha preso un tassì?
Woher sind Sie gekommen?	Da dov'è venuto?
Wohin sind Sie gegangen?	Dov'è andato?
Wo sind Sie gewesen?	Dov'è stato?
Wem hast du geholfen?	Chi hai aiutato?
Wem hast du geschrieben?	A chi hai scritto?
Wem hast du geantwortet?	A chi hai risposto?

87 [siebenundachtzig]

Vergangenheit der Modalverben 1

87 [ottantasette]

Passato - Verbi modali 1

Wir mussten die Blumen gießen.
Wir mussten die Wohnung aufräumen.
Wir mussten das Geschirr spülen.

Abbiamo dovuto innaffiare i fiori.
Abbiamo dovuto mettere in ordine l'appartamento.
Abbiamo dovuto lavare i piatti.

Musstet ihr die Rechnung bezahlen?
Musstet ihr Eintritt bezahlen?
Musstet ihr eine Strafe bezahlen?

Avete dovuto pagare il conto?
Avete dovuto pagare l'ingresso?
Avete dovuto pagare una multa?

Wer musste sich verabschieden?
Wer musste früh nach Hause gehen?
Wer musste den Zug nehmen?

Da chi ha dovuto accomiatarsi?
Chi ha dovuto andare a casa presto?
Chi ha dovuto prendere il treno?

Wir wollten nicht lange bleiben.
Wir wollten nichts trinken.
Wir wollten nicht stören.

Non volevamo restare a lungo.
Non volevamo bere niente.
Non volevamo disturbare.

Ich wollte eben telefonieren.
Ich wollte ein Taxi bestellen.
Ich wollte nämlich nach Haus fahren.

Volevo solo telefonare.
Volevo chiamare un tassì.
Infatti volevo andare a casa.

Ich dachte, du wolltest deine Frau anrufen.
Ich dachte, du wolltest die Auskunft anrufen.
Ich dachte, du wolltest eine Pizza bestellen.

Pensavo che tu volessi telefonare a tua moglie.
Pensavo che tu volessi chiamare le informazioni.
Pensavo che tu volessi ordinare una pizza.

Vergangenheit der Modalverben 2

Passato - Verbi modali 2

Mein Sohn wollte nicht mit der Puppe spielen.
Meine Tochter wollte nicht Fußball spielen.
Meine Frau wollte nicht mit mir Schach spielen.

Mio figlio non voleva giocare con la bambola.
Mia figlia non voleva giocare a pallone.
Mia moglie non voleva giocare a scacchi con me.

Meine Kinder wollten keinen Spaziergang machen.
Sie wollten nicht das Zimmer aufräumen.
Sie wollten nicht ins Bett gehen.

I miei figli non volevano fare una passeggiata.
Non volevano riordinare la camera.
Non volevano andare a letto.

Er durfte kein Eis essen.
Er durfte keine Schokolade essen.
Er durfte keine Bonbons essen.

Lui non poteva mangiare il gelato.
Lui non poteva mangiare il cioccolato.
Lui non poteva mangiare le caramelle.

Ich durfte mir etwas wünschen.
Ich durfte mir ein Kleid kaufen.
Ich durfte mir eine Praline nehmen.

Ho potuto esprimere un desiderio.
Ho potuto comprarmi un vestito.
Ho potuto prendere un cioccolatino.

Durftest du im Flugzeug rauchen?
Durftest du im Krankenhaus Bier trinken?
Durftest du den Hund ins Hotel mitnehmen?

Potevi fumare in aereo?
Potevi bere la birra in ospedale?
Potevi portare il cane in albergo?

In den Ferien durften die Kinder lange draußen bleiben.
Sie durften lange im Hof spielen.
Sie durften lange aufbleiben.

Durante le vacanze i bambini potevano restare a lungo fuori.
Loro potevano giocare a lungo nel cortile.
Loro potevano restare svegli fino a tardi.

89 [neunundachtzig]

Imperativ 1

89 [ottantanove]

Imperativo 1

Du bist so faul - sei doch nicht so faul!
Du schläfst so lang - schlaf doch nicht so lang!
Du kommst so spät - komm doch nicht so spät!

Du lachst so laut - lach doch nicht so laut!
Du sprichst so leise - sprich doch nicht so leise!
Du trinkst zu viel - trink doch nicht so viel!

Du rauchst zu viel - rauch doch nicht so viel!
Du arbeitest zu viel - arbeite doch nicht so viel!
Du fährst so schnell - fahr doch nicht so schnell!

Stehen Sie auf, Herr Müller!
Setzen Sie sich, Herr Müller!
Bleiben Sie sitzen, Herr Müller!

Haben Sie Geduld!
Nehmen Sie sich Zeit!
Warten Sie einen Moment!

Seien Sie vorsichtig!
Seien Sie pünktlich!
Seien Sie nicht dumm!

Tu sei così pigro - non essere così pigro!
Tu dormi tanto - non dormire tanto!
Tu arrivi così tardi - non arrivare così tardi!

Tu ridi così forte - non ridere così forte!
Tu parli così a bassa voce - non parlare così a bassa voce!
Tu bevi troppo - non bere tanto!

Tu fumi troppo - non fumare tanto!
Tu lavori troppo - non lavorare tanto!
Tu vai troppo forte - non andare così forte!

Si alzi, signor Müller!
Si accomodi, signor Müller!
Resti seduto, signor Müller!

Abbia pazienza!
Faccia con comodo!
Aspetti un momento!

Faccia attenzione!
Sia puntuale!
Non sia stupido!

90 [neunzig]

Imperativ 2

90 [novanta]

Imperativo 2

Rasier dich!	Fatti la barba!
Wasch dich!	Lavati!
Kämm dich!	Pettinati!
Ruf an! Rufen Sie an!	Telefonami! Mi telefoni!
Fang an! Fangen Sie an!	Comincia! Cominci!
Hör auf! Hören Sie auf!	Smettila! La smetta!
Lass das! Lassen Sie das!	Lascia stare! Lasci stare!
Sag das! Sagen Sie das!	Dì questo! Dica questo!
Kauf das! Kaufen Sie das!	Compra questo! Compri questo!
Sei nie unehrlich!	Non essere mai disonesto!
Sei nie frech!	Non essere mai impertinente!
Sei nie unhöflich!	Non essere mai scortese!
Sei immer ehrlich!	Sii sempre sincero!
Sei immer nett!	Sii sempre carino!
Sei immer höflich!	Sii sempre gentile!
Kommen Sie gut nach Haus!	Buon ritorno a casa!
Passen Sie gut auf sich auf!	Abbia cura di sé!
Besuchen Sie uns bald wieder!	Ritorni a trovarci presto!

91 [einundneunzig]

Nebensätze mit *dass* 1

91 [novantuno]

Frasi secondarie con *che* 1

Das Wetter wird vielleicht morgen besser.
Woher wissen Sie das?
Ich hoffe, dass es besser wird.

Forse domani il tempo sarà migliore.
Come fa a saperlo?
Spero che migliori.

Er kommt ganz bestimmt.
Ist das sicher?
Ich weiß, dass er kommt.

Viene sicuramente.
E sicuro?
So che viene.

Er ruft bestimmt an.
Wirklich?
Ich glaube, dass er anruft.

Telefona sicuramente.
Veramente?
Credo che telefoni.

Der Wein ist sicher alt.
Wissen Sie das genau?
Ich vermute, dass er alt ist.

Il vino è certamente invecchiato.
Lo sa di sicuro?
Suppongo che sia invecchiato.

Unser Chef sieht gut aus.
Finden Sie?
Ich finde, dass er sogar sehr gut aussieht.

Il nostro titolare ha un bell'aspetto.
Lei trova?
Trovo che abbia addirittura un ottimo aspetto.

Der Chef hat bestimmt eine Freundin.
Glauben Sie wirklich?
Es ist gut möglich, dass er eine Freundin hat.

Il titolare ha certamente un'amica.
Lo crede veramente?
È molto probabile che abbia un'amica.

92 [zweiundneunzig]

Nebensätze mit *dass* 2

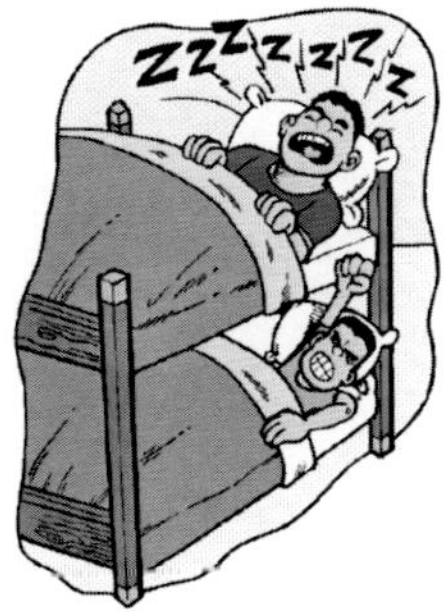

92 [novantadue]

Frasi secondarie con *che* 2

Es ärgert mich, dass du schnarchst.
Es ärgert mich, dass du so viel Bier trinkst.
Es ärgert mich, dass du so spät kommst.

Mi secca che tu russi.
Mi secca che tu beva tanta birra.
Mi secca che tu venga così tardi.

Ich glaube, dass er einen Arzt braucht.
Ich glaube, dass er krank ist.
Ich glaube, dass er jetzt schläft.

Credo che abbia bisogno di un medico.
Credo che sia malato.
Credo che adesso dorma.

Wir hoffen, dass er unsere Tochter heiratet.
Wir hoffen, dass er viel Geld hat.
Wir hoffen, dass er Millionär ist.

Speriamo che sposi nostra figlia.
Speriamo che abbia molti soldi.
Speriamo che sia milionario.

Ich habe gehört, dass deine Frau einen Unfall hatte.
Ich habe gehört, dass sie im Krankenhaus liegt.
Ich habe gehört, dass dein Auto total kaputt ist.

Ho sentito che tua moglie ha avuto un incidente.
Ho sentito che è all'ospedale.
Ho sentito che la tua macchina è completamente distrutta.

Es freut mich, dass Sie gekommen sind.
Es freut mich, dass Sie Interesse haben.
Es freut mich, dass Sie das Haus kaufen wollen.

Mi fa piacere che sia venuto.
Mi fa piacere che abbia interesse.
Mi fa piacere che voglia comprare la casa.

Ich fürchte, dass der letzte Bus schon weg ist.
Ich fürchte, dass wir ein Taxi nehmen müssen.
Ich fürchte, dass ich kein Geld bei mir habe.

Temo che l'ultimo autobus sia già passato.
Temo che dobbiamo prendere un tassi.
Temo di non avere denaro con me.

93 [dreiundneunzig]

Nebensätze mit *ob*

93 [novantatré]

Frasi secondarie con *se*

Ich weiß nicht, ob er mich liebt.	Non so se mi ama.
Ich weiß nicht, ob er zurückkommt.	Non so se ritorna.
Ich weiß nicht, ob er mich anruft.	No so se mi telefona.
Ob er mich wohl liebt?	Chissà se mi ama.
Ob er wohl zurückkommt?	Chissà se ritorna.
Ob er mich wohl anruft?	Chissà se mi telefona.
Ich frage mich, ob er an mich denkt.	Mi chiedo se mi pensi.
Ich frage mich, ob er eine andere hat.	Mi chiedo se abbia un'altra.
Ich frage mich, ob er lügt.	Mi chiedo se menta.
Ob er wohl an mich denkt?	Chissà se mi pensa.
Ob er wohl eine andere hat?	Chissà se ha un'altra.
Ob er wohl die Wahrheit sagt?	Chissà se dice la verità.
Ich zweifele, ob er mich wirklich mag.	Dubito che mi voglia veramente bene.
Ich zweifele, ob er mir schreibt.	Dubito che mi scriva.
Ich zweifele, ob er mich heiratet.	Dubito che mi sposi.
Ob er mich wohl wirklich mag?	Chissà se mi ama veramente.
Ob er mir wohl schreibt?	Chissà se mi scrive.
Ob er mich wohl heiratet?	Chissà se mi sposa.

94 [vierundneunzig]

Konjunktionen 1

Warte, bis der Regen aufhört.
Warte, bis ich fertig bin.
Warte, bis er zurückkommt.

Ich warte, bis meine Haare trocken sind.
Ich warte, bis der Film zu Ende ist.
Ich warte, bis die Ampel grün ist.

Wann fährst du in Urlaub?
Noch vor den Sommerferien?
Ja, noch bevor die Sommerferien beginnen.

Reparier das Dach, bevor der Winter beginnt.
Wasch deine Hände, bevor du dich an den Tisch setzt.
Schließ das Fenster, bevor du rausgehst.

Wann kommst du nach Hause?
Nach dem Unterricht?
Ja, nachdem der Unterricht aus ist.

Nachdem er einen Unfall hatte, konnte er nicht mehr arbeiten.
Nachdem er die Arbeit verloren hatte, ist er nach Amerika gegangen.
Nachdem er nach Amerika gegangen war, ist er reich geworden.

94 [novantaquattro]

Congiunzioni 1

Aspetta finché smette di piovere.
Aspetta finché ho finito.
Aspetta finché lui torna.

Aspetto di avere i capelli asciutti.
Aspetto che il film sia terminato.
Aspetto che il semaforo sia verde.

Quando vai in vacanza?
Ancora prima delle vacanze estive?
Sì, prima che comincino le vacanze estive.

Ripara il tetto prima che cominci l'inverno.
Lavati le mani prima di sederti a tavola.
Chiudi la finestra prima di uscire.

Quando vieni a casa?
Dopo le lezioni?
Sì, dopo che le lezioni sono finite.

Dopo l'incidente non ha più potuto lavorare.
Dopo aver perso il lavoro è andato in America.
Dopo esser andato in America è diventato ricco.

95 [fünfundneunzig]

Konjunktionen 2

95 [novantacinque

Congiunzioni 2

Seit wann arbeitet sie nicht mehr?
Seit ihrer Heirat?
Ja, sie arbeitet nicht mehr, seitdem sie geheiratet hat.

Da quando non lavora più?
Da dopo il suo matrimonio?
Sì, lei non lavora più da quando si è sposata.

Seitdem sie geheiratet hat, arbeitet sie nicht mehr.
Seitdem sie sich kennen, sind sie glücklich.
Seitdem sie Kinder haben, gehen sie selten aus.

Da quando si è sposata, non lavora più.
Da quando si conoscono, sono felici.
Da quando hanno bambini, escono raramente.

Wann telefoniert sie?
Während der Fahrt?
Ja, während sie Auto fährt.

Quando telefona?
Durante il viaggio?
Si, mentre guida.

Sie telefoniert, während sie Auto fährt.
Sie sieht fern, während sie bügelt.
Sie hört Musik, während sie ihre Aufgaben macht.

Lei telefona mentre guida.
Lei guarda la TV mentre stira.
Lei ascolta la musica mentre fa i compiti.

Ich sehe nichts, wenn ich keine Brille habe.
Ich verstehe nichts, wenn die Musik so laut ist.
Ich rieche nichts, wenn ich Schnupfen habe.

Non vedo niente se non metto gli occhiali.
Non capisco niente se la musica è così forte.
Non sento odori, quando ho il raffreddore.

Wir nehmen ein Taxi, wenn es regnet.
Wir reisen um die Welt, wenn wir im Lotto gewinnen.
Wir fangen mit dem Essen an, wenn er nicht bald kommt.

Se piove, prendiamo un tassì.
Se vinciamo al lotto, facciamo il giro del mondo.
Se non arriva presto, cominciamo a mangiare.

96 [sechsundneunzig]

Konjunktionen 3

96 [novantasei]

Congiunzioni 3

Ich stehe auf, sobald der Wecker klingelt.	Mi alzo appena suona la sveglia.
Ich werde müde, sobald ich lernen soll.	Mi stanco appena inizio a studiare.
Ich höre auf zu arbeiten, sobald ich 60 bin.	Smetto di lavorare appena faccio sessant'anni.
Wann rufen Sie an?	Quando telefona?
Sobald ich einen Moment Zeit habe.	Appena ho un momento di tempo.
Er ruft an, sobald er etwas Zeit hat.	Lei telefona appena ha un po' di tempo.
Wie lange werden Sie arbeiten?	Quanto tempo lavorerà?
Ich werde arbeiten, solange ich kann.	Lavorerò finché potrò.
Ich werde arbeiten, solange ich gesund bin.	Lavorerò finché sarò sano.
Er liegt im Bett, anstatt dass er arbeitet.	Sta a letto invece di lavorare.
Sie liest die Zeitung, anstatt dass sie kocht.	Lei legge il giornale invece di cucinare.
Er sitzt in der Kneipe, anstatt dass er nach Hause geht.	Lui sta al bar invece di andare a casa.
Soweit ich weiß, wohnt er hier.	A quanto so, lui abita qui.
Soweit ich weiß, ist seine Frau krank.	A quanto so, sua moglie è malata.
Soweit ich weiß, ist er arbeitslos.	A quanto so, lui è disoccupato.
Ich hatte verschlafen, sonst wäre ich pünktlich gewesen.	Non mi sono svegliato in tempo, altrimenti sarei stato puntuale.
Ich hatte den Bus verpasst, sonst wäre ich pünktlich gewesen.	Avevo perso l'autobus, altrimenti sarei stato puntuale.
Ich hatte den Weg nicht gefunden, sonst wäre ich pünktlich gewesen.	Non trovavo la strada, altrimenti sarei stato puntuale.

Konjunktionen 4

Congiunzioni 4

Er ist eingeschlafen, obwohl der Fernseher an war.	Si è addormentato, sebbene il televisore fosse acceso.
Er ist noch geblieben, obwohl es schon spät war.	Lui è rimasto ancora, sebbene fosse già tardi.
Er ist nicht gekommen, obwohl wir uns verabredet hatten.	Non è venuto, sebbene noi avessimo un appuntamento.
Der Fernseher war an. Trotzdem ist er eingeschlafen.	Il televisore era acceso. Tuttavia si è addormentato.
Es war schon spät. Trotzdem ist er noch geblieben.	Era già tardi. Tuttavia è rimasto ancora.
Wir hatten uns verabredet. Trotzdem ist er nicht gekommen.	Avevamo un appuntamento. Tuttavia non è venuto.
Obwohl er keinen Führerschein hat, fährt er Auto.	Sebbene non abbia la patente, guida la macchina.
Obwohl die Straße glatt ist, fährt er schnell.	Sebbene la strada sia gelata, lui va forte.
Obwohl er betrunken ist, fährt er mit dem Rad.	Sebbene sia ubriaco, lui va in bicicletta.
Er hat keinen Führerschein. Trotzdem fährt er Auto.	Non ha la patente. Tuttavia porta la macchina.
Die Straße ist glatt. Trotzdem fährt er so schnell.	La strada è gelata. Tuttavia va forte.
Er ist betrunken. Trotzdem fährt er mit dem Rad.	Lui è ubriaco. Tuttavia va in bicicletta.
Sie findet keine Stelle, obwohl sie studiert hat.	Sebbene sia laureata, non trova un posto.
Sie geht nicht zum Arzt, obwohl sie Schmerzen hat.	Sebbene abbia dolori, non va dal medico.
Sie kauft ein Auto, obwohl sie kein Geld hat.	Sebbene non abbia soldi, compra una macchina.
Sie hat studiert. Trotzdem findet sie keine Stelle.	È laureata. Ciò nonostante non trova lavoro.
Sie hat Schmerzen. Trotzdem geht sie nicht zum Arzt.	Lei ha dolori. Ciò nonostante non va dal medico.
Sie hat kein Geld. Trotzdem kauft sie ein Auto.	Lei non ha soldi. Ciò nonostante compra una macchina.

98 [achtundneunzig]

Doppelte Konjunktionen

98 [novantotto]

Congiunzioni coordinative

Die Reise war zwar schön, aber zu anstrengend.	Il viaggio è stato bello ma faticoso.
Der Zug war zwar pünktlich, aber zu voll.	Il treno era in orario ma affollatissimo.
Das Hotel war zwar gemütlich, aber zu teuer.	L'albergo era accogliente ma troppo caro.
Er nimmt entweder den Bus oder den Zug.	Lui prende o l'autobus o il treno.
Er kommt entweder heute Abend oder morgen früh.	Lui viene o stasera o domani mattina.
Er wohnt entweder bei uns oder im Hotel.	Lui abita o da noi o in albergo.
Sie spricht sowohl Spanisch als auch Englisch.	Lei parla sia lo spagnolo che l'inglese.
Sie hat sowohl in Madrid als auch in London gelebt.	Lei ha vissuto sia a Madrid che a Londra.
Sie kennt sowohl Spanien als auch England.	Lei conosce sia la Spagna che l'Inghilterra.
Er ist nicht nur dumm, sondern auch faul.	Lui non è solo stupido ma anche pigro.
Sie ist nicht nur hübsch, sondern auch intelligent.	Lei non è solo carina ma anche intelligente.
Sie spricht nicht nur Deutsch, sondern auch Französisch.	Lei non parla solo tedesco ma anche francese.
Ich kann weder Klavier noch Gitarre spielen.	Io non so suonare né il pianoforte né la chitarra.
Ich kann weder Walzer noch Samba tanzen.	Non so ballare né il valzer né la samba.
Ich mag weder Oper noch Ballett.	Non mi piace né l'opera né il balletto.
Je schneller du arbeitest, desto früher bist du fertig.	(Quanto) più in fretta lavori, (tanto) più presto finisci.
Je früher du kommst, desto früher kannst du gehen.	(Quanto) prima vieni, (tanto) prima puoi andartene.
Je älter man wird, desto bequemer man wird.	(Quanto) più si invecchia, (tanto) più pigri si diventa.

99 [neunundneunzig]

Genitiv

99 [novantanove]

Genitivo

die Katze meiner Freundin
der Hund meines Freundes
die Spielsachen meiner Kinder

la gatta della mia amica
il cane del mio amico
i giocattoli dei miei bambini

Das ist der Mantel meines Kollegen.
Das ist das Auto meiner Kollegin.
Das ist die Arbeit meiner Kollegen.

Questo è il cappotto del mio collega.
Questa è la macchina della mia collega.
Questo è il lavoro dei miei colleghi.

Der Knopf von dem Hemd ist ab.
Der Schlüssel von der Garage ist weg.
Der Computer vom Chef ist kaputt.

Il bottone della camicia si è staccato.
La chiave del garage si è persa.
Il computer del titolare è guasto.

Wer sind die Eltern des Mädchens?
Wie komme ich zum Haus ihrer Eltern?
Das Haus steht am Ende der Straße.

Chi sono i genitori della ragazza?
Come faccio ad arrivare alla casa dei suoi genitori?
La casa è in fondo alla strada.

Wie heißt die Hauptstadt von der Schweiz?
Wie heißt der Titel von dem Buch?
Wie heißen die Kinder von den Nachbarn?

Come si chiama la capitale della Svizzera?
Qual è il titolo del libro?
Come si chiamano i bambini dei vicini?

Wann sind die Schulferien von den Kindern?
Wann sind die Sprechzeiten von dem Arzt?
Wann sind die Öffnungszeiten von dem Museum?

Quando sono le vacanze estive dei bambini?
Qual è l'orario di ambulatorio del medico?
Qual è l'orario di apertura del museo?

100 [hundert]

Adverbien

100 [cento]

Avverbi

schon einmal - noch nie
Sind Sie schon einmal in Berlin gewesen?
Nein, noch nie.

già una volta - non ... mai
È già stato a Berlino una volta?
No, non ci sono mai stato.

jemand - niemand
Kennen Sie hier jemand(en)?
Nein, ich kenne hier niemand(en).

qualcuno - nessuno
Conosce qualcuno qui?
No, non conosco nessuno.

noch - nicht mehr
Bleiben Sie noch lange hier?
Nein, ich bleibe nicht mehr lange hier.

ancora - non più
Resta ancora tanto qui?
No, non ci resto più tanto.

noch etwas - nichts mehr
Möchten Sie noch etwas trinken?
Nein, ich möchte nichts mehr.

ancora qualcosa - più niente
Vuole bere ancora qualcosa?
No, non voglio più niente.

schon etwas - noch nichts
Haben Sie schon etwas gegessen?
Nein, ich habe noch nichts gegessen.

già qualcosa - ancora niente
Ha mangiato già qualcosa?
No, non ho mangiato ancora niente.

noch jemand - niemand mehr
Möchte noch jemand einen Kaffee?
Nein, niemand mehr.

ancora qualcuno - nessuno
Qualcuno vuole ancora un caffè?
No, nessuno.

END